Hedwig Wilken

Voll Sinnen spielen

Wahrnehmungs- und Spielräume
für Kinder ab 4 Jahren

Illustrationen von
Astrid Vohwinkel

Ökotopia Verlag, Münster

Impressum

Autorin: Hedwig Wilken
Illustrationen: Astrid Vohwinkel
Satz und Druck: Druckwerkstatt Hafen GmbH, Münster

© 1998 by **Ökotopia Verlag**, Münster
3. Auflage, 7. - 9. Tsd., Juli 2001

> Dieses Buch widme ich allen Menschen,
> mit denen ich sinn-volle Lebens- und Spielerfahrungen
> machen durfte,
>
> ganz besonders meinen Eltern und den Kindern
>
> BRITTA
> CHRISTINA   KATJA   ROBERT   KATHRIN   PHILIP
> MAX   UND   RIKE

Dieses Buch wurde auf garantiert chlorfreiem, umweltfreundlichem Papier gedruckt. Im Bleichprozess wird statt Clor Wasserstoffperoxid eingesetzt. Dadurch entstehen keine hochtoxischen CKW(Chlorkohlenwasserstoff)-haltigen Abwässer.

CIP-Titelaufnahme der Deutschen Bibliothek
Wilken, Hedwig:
Voll Sinnen spielen : Wahrnehmungs- und Spielräume für Kinder ab 4 Jahren / Hedwig Wilken. Ill. von Astrid Vohwinkel. - Münster : Ökotopia-Verl., 3. Aufl., 2001
ISBN 3-931902-34-X

Inhalt

Frei-Räume für Kinder
- Einleitung- 5

Ruhe-Räume 7

Wahrnehmungs-Räume 12

Spiel-Räume für Kinder 25

Voll sinnen spielen
- Einführung- 32

Wahrnehmung der Ruhe 34

Spiele und Übungen zur Selbst- und Ruhewahrnehmung 34

Murmelkönig 34
Stilleland 35
Wetterbericht 36
Zaubershampoo 38
Katzentag 38
Stille-Zauberer 40
Goldstaub 40
Blumentraum 42
Marienkäfer 43
Zauberkugeln 44
Blindspaziergang 45
Bierdeckel legen 46

Spiele und Übungen zum Abbau von Unruhe
Roboter 47
Elektrische Leitung 48
Bewegungswürfel 48

Dirigentenraten 49
Steinzeit 51
Gordischer Knoten 52

Wahrnehmung der Sinne 53

Übungen und Spiele zur Sinneswahrnehmung: Sehen 53
Farben und Formen 53
Seh-Kim 54
Ich sehe was, was du nicht siehst 55
Spiegelpantomime 56
Zublinzeln 57

Übungen und Spiele zur Sinneswahrnehmung: Riechen/Schmecken 58
Geruchsmemory 58
Schnüffelhunde 59
Duftsäckchen 60
Geruchsbilder 61
Leckerschmecker 62

Übungen und Spiele zur Sinneswahrnehmung: Hören
Hör-Memory 63
Wasserleitung 64
Liedgurgeln 65
Stille Post 65
Geräuschebilder 66
Telephonieren 67
Geschichtenschatz 68

Übungen und Spiele zur Sinneswahrnehmung: Tasten 69
Tast-Kim 69
Fühlboxen 70
Formkneten 71

Wer ist der Kleinste 71
Fußpfad 72
Überraschungsschnur 74
Jedem das Seine 75
Lieblingskartoffel 76
Formen fühlen 77
Kronkorkenbilder 78
Fühlmemory 79

Übungen und Spiele zur Sinneswahrnehmung: Gleichgewicht 80
Löffel legen 80
Balancieren 81
Gardinenschlangen 82
Zollstöcke 83
Indische Wasserträgerin 84
Gewichtsgläser 85

Garten der Sinne 86

Wahrnehmung der Umwelt 87

Übungen und Spiele mit Alltags- und Umweltmaterialien 87
Knuxen 87
Eierpappen 88
Zeitungspapier 89
Erbsentransport 90
ABC-Suchspiel 90
Aufgabenspiele 91
Wattepusten 93
Streichholzturm 94
Bewegtes Kartenspiel 94
Netzwerk 95

Aktion Luftballonspiele 96

Literaturempfehlungen 99
Zur Autorin 100

Frei-Räume für Kinder

Einleitung

Manchmal, wenn wir den Himmel beobachten, können wir entdecken, dass der Mond nicht nur die dunkle Nacht erhellt, sondern gelegentlich auch einen „Hof", einen hellen Kreis um sich hat. Dieser oft fast unsichtbare Kreis wirkt einerseits schützend, andererseits erweiternd.

Es scheint so, als ob wir Menschen auch mit einem solchen Schutzkreis, mit einer Aura, einer Ausstrahlung ausgestattet sind, die uns ganz persönlich umgibt, von Geburt an.

Auch schon für Kinder ist ein solcher Schutzkreis als Freiraum für die individuelle Entwicklung notwendig. Sie brauchen Raum für sich, um sich selbst kennen zu lernen, um sich die Menschen und Dinge der nahen und fernen Welt spielerisch anzueignen, oder aber auch um die gewonnenen Eindrücke zu verarbeiten.

Solche Ruheräume, Wahrnehmungsräume und Spielräume, die dem Kind unverplant zur Verfügung stehen, bieten ihm die Chance einer Persönlichkeitsentwicklung von innen her nach eigenem Zeitmaß, die genügend Stabilität für die Schritte in das weitere Leben bieten können.

Zu viele und konsumgesteuerte Außenreize lenken das Kind unnötig von der eigenen Entwicklung ab, fördern eher die Spielwarenindustrie als die Entwicklung des Kindes.

Gerade die Menschen und die Natur- und Alltagsmaterialien der nahen Umgebung bieten dem Kind eine Fülle an Neugier- und Spielimpulsen. Die Zeit, der Raum sich spielerisch dieser Umgebung zu nähern, sie sich anzueignen, sollte dem Kind gegeben und gelassen werden.

Das spätere Lernen und Leben baut auf Elementarerfahrungen auf, die durch das Spielen und durch unmittelbare Alltagserfahrungen gemacht werden können. Fehlen diese Elementarerfahrungen, muss das Kind später immer den zweiten Schritt wagen, ohne den ersten gegangen zu sein, das wird Auswirkungen auf die Persönlichkeitsentwicklung haben.

Eine Forderung nach „Frei-Räumen für Kinder" soll in erster Linie auf die kindliche Weltaneignung aufmerksam machen, die sehr individuell sein kann.

Kinder haben ein Recht auf Ruhe und stille Weltwahrnehmung, auf die Lust an Wiederholungen, die ihnen dabei eigen ist und auf das spezifische Neugier- und handelnde Entdeckungsverhalten in ihrem Rhythmus.

Ausgewählte und verantwortungsvoll eingesetzte Spiele und Spielmatcrialien können dabei unterstützend helfen, sollten aber die Phantasie und Kreativität der Kinder niemals einschränken.

Spiele sollen den Kindern dienlich sein, nicht aber das Kind dem Spielzeugmarkt.

Ruhe-Räume

Die Bedingungen der kindlichen Lebenswelt wandeln sich schnell. Kindsein heute zeichnet sich unter anderem dadurch aus, dass die Kinderwelt zerrissen, zerteilt und eingegrenzt ist, was nicht ohne Wirkung auf die Identitätsentwicklung des Kindes bleiben kann. *(vgl. Krenz, A. 1991.21)*

Kinder wachsen zunehmend in vorgegebenen, vorstrukturierten und verplanten Bedingungsräumen auf. Sie werden in der eigenen Gestaltung ihrer Entwicklungs- und Erfahrungsräume beschnitten. Diese Kinderlebenssituation fordert neue pädagogische Umgangsweisen, die bewusste Zeitgestaltung, Forderung nach Ruhe-, Wahrnehmungs- und Spielräumen berücksichtigen.

„Spielraum ist ja nicht nur ein Raum zum Spielen, obwohl das Wort auch diese Bedeutung hat, es bedeutet in erster Linie genügend Raum, um die eigenen Ellenbogen gebrauchen zu können, aber auch geistige Bewegungsfreiheit, um mit Dingen und Ideen nach Belieben experimentieren zu können." *(Bettelheim, B. 1987.190.)*

Kinder brauchen Ruhe- und Handlungsspielräume, in denen sie sich ungestört und unverplant mit sich und den schon aufgenommenen Reizen spielerisch auseinander setzen können.

Sollen Kinder als Individuen heranwachsen und nicht als vorprogrammierte funktionierende Schablonenmenschen, so brauchen sie Freiräume, damit sich die eigene Identität entwickeln kann.

Erziehende müssen sich heute mehr und mehr dem Erwartungsdruck aussetzen, Kinder immer zu fördern und beschäftigen zu müssen. Viele Förderabsichten beziehen sich dabei auf die einseitig kognitive Entwicklung des Kindes oder sie unterstützen die neue „Kinderkonsumkultur", die sich in den letzten Jahren im Hinblick auf Spielzeug, Medien, Mode, Freizeitaktivitäten stark entwickelt hat. *(vgl. Krenz, A. 1991.16)*

Gegen eine Ausbeutung und Manipulation der Kindheit sollten Erziehende sich entschieden wehren, zu viel Förderung kann zu einer entwicklungshemmenden Forderung werden.

Kindliche Zeitwahrnehmung

Im Bewusstsein um den Wert der eigenen Zeitgestaltung sollte dem Kind Zuhause und in den Kinderinstitutionen (Hort, Kindergarten, Schule etc.) viel unverplante Zeit und Bewegungsraum gegeben und gelassen werden. In Ruhe und nach seinem ihm eigenen Rhythmus lernt das Kind langsam in einer spielerischen Weise sich und seine Welt **be**greifen.

Nur wenn einem Kind ausreichend Zeit zur Verfügung steht, die vielfältigen Eindrücke und Reize zu verarbeiten, hat es auch eine Chance eine eigene Position zu den Ereignissen zu entwickeln. In der Stille, mit viel Zeit und Geduld können die Eindrücke Wurzeln schlagen und zu Erfahrungen und Erkenntnissen reifen.

Muss sich ein Kind ständig mit neuen Reizen auseinander setzen, bevor es die alten Ereignisse verarbeitet hat, so wird es vom individuellen inneren Wachstum, vom eigenen Lernen aus Erfahrung abgelenkt, was für die Persönlichkeitsentwicklung von entscheidender Bedeutung sein kann.

Wird dem Kind kein ausreichender Raum gelassen, sich mit sich selbst zu beschäftigen, so besteht die Gefahr, dass es sich ständig nach schnell erreichbaren Reizen umsieht, ohne ein eigenes von innen gesteuertes Interesse entwickeln zu können. Auch für das Kind erscheint es zunächst bequem, es anderen zu überlassen, seine Zeit einzuteilen und zu gestalten. So wird das Kind schon früh zum „Mitläufer" und fremdbestimmten Menschen erzogen. Es wird daran gewöhnt, dass andere bestimmen, was es zu spielen, zu tun und zu lassen hat, was wichtig und gut ist.

Schon im Kindesalter wird dem Kind so die Chance genommen, eine eigene Initiative zu entwickeln, nach Versuch und Irrtum eigene Interessen zu erforschen, eigene Bedürfnisse zu erspüren. Eigene Wege zu gehen, individuelle Interessen zu entwickeln ist aber schwieriger, kostet mehr Kraft und Energie, als das Mitlaufen im Gefüge der Fremdbestimmungen.

Die Worte des Kinderpsychologen B. Bettelheim klingen da entsprechend überzeugend: „Dass das Kind nicht genug Muße hat, ein reiches Innenleben zu entwickeln, ist weitgehend der Grund dafür, dass es seine Eltern quält, ihm Unterhaltung zu verschaffen, oder dass es den Fernseher anstellt." *(B.Bettelheim .1987, S.194)*

Zu schnell kann sich ein Kind daran gewöhnen, ausschließlich nach einem von außen vorgegebenen Stunden- und Zeitplan zu agieren, zu funktionieren - es tut nur noch, was vorgegeben wird. Treten Leerzeiten auf, wird es unruhig, nervös und nörgelig.

Es möchte Programm, weil es an Programme gewöhnt wurde!

Das Kind kann mit sich und der Zeit wenig oder gar nichts anfangen. Kindern die Zeit umfassend zu programmieren, heißt auch Macht ausüben. Dem Kind wird die Freiheit durch Verplanung genommen. Auch die Angst vor unstrukturierter, chaotischer Entwicklung kann dazu verleiten, das Kind ständig zu verplanen. Es wird nach dem Motto erzogen: wenn ich weiß, was das Kind wann mit wem wie tut, kann ich es beherrschen, ständig kontrollieren und Einfluss nehmen.

Hat es ein Kind durch Überangebote und Überreizungen schon verlernt, sich zurückzuziehen, sich zufrieden allein zu beschäftigen, so können behutsam Hilfen angeboten werden, die Zeit selbstständig zu gestalten.

Zu Übungszwecken ist es dann hilfreich, mit einem Kind zu einer bestimmten Zeit immer wieder dasselbe zu tun.

Um dem Kind die Lernmöglichkeit der eigenen Zeitgestaltung und -strukturierung zu bieten, kann man mit ihm immer zu einer festgelegten Zeit spielen, vorlesen oder malen. Nach dem kindorientierten Lernverhalten kann das wiederholende Ritual zu einer Grundorientierung und so ein erster Ruhe- und Orientierungspol geschaffen werden.

Kinder spielen gerne immer wieder dasselbe, dieses hat einen Grund. Dieser Grund ist für Erwachsene oft nicht einsichtig. Das vom Kind gewählte Zeitmaß des spielerischen Erkundens sollte aber leitend sein. Wiederholungen bedeuten nicht gleich Eintönigkeit oder Stereotypie, da vielfache Wiederholungen die kindgemäße Art des Erforschens und Lernens sind. Häufige Wiederholungen können dem Kind Stabilität und festigende Erfahrungen und Erkenntnisse bieten.

Oftmals müssen Erziehende es aushalten, wenn ein Kind scheinbar nichts tut, die Zeit einfach „vertrödelt". Vielleicht kann das Kind gerade auf diese Weise einen Zugang zur Selbstverwaltung der Zeit finden, es kann seinen eigenen Zeitrhythmus kennen lernen und erforschen.

Der längere Weg zur Stille und Ruhe, des bewussten Wahrnehmens der eigenen und fremden Bedürfnisse, erfordert die Unterstützung der Erwachsenen.

Entscheidend für eine wohlwollende Haltung dem Kind gegenüber ist das Zutrauen in die ureigenen Kräfte des Kindes, das Leben individuell und zufrieden nach eigenem Zeitmaß, aus der eigenen Kraft und mit einem wachsendem Selbst-Bewusstsein gestalten zu können.

Vor-bildliche Zeitgestaltung

Kinder lernen erlebend von den Erwachsenen, wie diese mit sich selbst, mit anderen, mit ihrer Zeitgestaltung, ihren Freiräumen umgehen.

Häufig ist der Terminkalender der Erwachsenen und Kinder übervoll, es gibt kaum noch frei verfügbare Zeiten für spontane Aktionen, Gespräche oder Ruhephasen.

„Ich habe keine Zeit" - dieser Satz ist dann nicht nur von Erwachsenen zu hören, sondern auch schon von verplanten und gehetzten Kindern und Jugendlichen. Fortwährend werden fast alle vom tatsächlichen oder vermeintlichen Zeitdruck gequält. Das steigende Tempo unserer Zivilisation lässt keinen Raum mehr für das leise und langsame Ticken der inneren Zeituhr.

Körperlich mag dem Menschen durch das Hetzen und Rennen noch nicht die Puste ausgegangen sein, jedoch der Atem der Seele wird immer flacher, die inneren Werte drohen zu verkümmern.

Im Überangebot der Freizeitgestalung liegt die Gefahr, oberflächlich überall einzusteigen, nicht aber vertiefende Interessen und Begegnungen zu pflegen.

Sich nicht vom fremd- und konsumgesteuerten Zeitstrom einfangen zu lassen, auch einmal gegen den Strom zu schwimmen - nur tote Fische schwimmen mit dem Strom - bedeutet eine Beziehung zum eigenen Wesenskern zu haben.

In der Geschäftigkeit, Eile und Hast des Alltags besteht die Gefahr der Flucht vor sich selber, die innere Stimme jedoch ist nur in der Stille zu hören.

Zeit haben ist die Fähigkeit gegen die Überangebote und Anforderungen Schwerpunkte zu setzen und Grenzen zu ziehen. Bei der Fülle der Angebote und Reize muss heute die Fähigkeit zu einer klaren Entscheidung geübt werden. Weder ein Erwachsener noch ein Kind kann alles mitmachen, miterleben und kaufen, was ihm gerade geboten wird.

Ein kritischer Umgang mit den Angeboten, der Umgang mit der eigenen Zeitgestaltung muss dem Kind heute auf bewusste Weise vorgelebt werden. Der Umgang mit der Zeit und den Außenreizen ist eine Werteerziehung, die dem Kind im gemeinsamen Alltag zeigt, wie jeder verantwortungsvoll seine Interessen und Bedürfnisse im Einklang mit sich und seiner Mitwelt pflegen kann.

Früher wurden die Könige und Reichen bewundert, weil sie viel Zeit hatten, nichts tun mussten! Heute hingegen gilt derjenige viel, der einen übervollen Terminkalender hat, der gehetzt und somit begehrt und erfolgreich erscheint.

Die Zeitwahrnehmung hat sich deutlich geändert, eine Erziehung zur bewussten Zeitgestaltung erscheint neu und notwendig.

So kehrte beispielsweise früher mit dem Anbruch der Dunkelheit Ruhe in die Wohnungen und Straßen ein. Heute ist die Lebenswahrnehmung und Lebensgestaltung weitgehend „**ent**natürlicht". Der natürliche Tag-Nacht-Rhythmus (Anspannungs- und Entspannungsrhythmus) kann beliebig aufgehoben, reguliert und selbst bestimmt werden. Bei Dunkelheit machen wir das Licht an, holen uns mit Hilfe der neuen Medien das Leben, Erlebnisse und Informationen, die Unruhe ins Haus, der *Feier*abend hat neue Reize. Die Aufhebung der einst natürlichen Zeitstrukturen macht die Suche nach neuen Strukturen, nach künstlichen Rhythmen der Ruhe und Entspannung unumgänglich.

Gleitet uns die Zeitgestaltung aus der Hand, fehlen Ruhe-Räume, so ist es für Erwachsene wie Kinder sinnvoll, regelmäßige feste Zeiten für sich und die Beziehungspflege einzuplanen und einzuhalten. Eigene Zeiten, Zeiten der Stille, sind dabei mindestens so wichtig wie Termine von außen.

Nicht die Zeit, der Zeitdruck darf uns beherrschen, sondern wir sollten die verantwortungsvollen Nutzer der Zeit sein, denn in der Unterscheidung vom Wichtigen und Unwichtigen liegt die Kunst der befriedigenden Zeitgestaltung. So erlangt der Mensch eher Zeit und Muße für das Bedeutende, einen klaren Blick für das Wesentliche.

Zeit haben heißt auch, sich nicht ständig verplanen zu lassen, es nicht allen recht machen zu wollen, nicht für jeden und alles verfügbar zu sein. Dieses zu lernen ist für Kinder und Erwachsene stets eine Herausforderung.

Die Ruhe- und Stillewahrnehmung gilt es bei Kindern und Erwachsenen bewusst durch meditative Übungen und Spiele zu erhalten und zu wecken, damit ein sinn-volles Leben möglich ist. Das rhythmische Pendelspiel der Anspannung und Entspannung ist Lebensprinzip. Schon bei Kindern ist auf ein gesundes Verhältnis von An- und Entspannung zu achten, hier insbesondere auf freie Zeiten, Pflege der Sinneswahrnehmungen und auf ausreichende Schlaf- und Ruhephasen.

Wahrnehmungs-Räume

Kinder sind von Geburt an daran interessiert zunächst die nahe, später die weitere Umwelt aktiv mit vielen Sinnen zu erkunden.

Die veränderten Lebensbedingungen der mediatisierten, technisierten und motorisierten, der körper- und leibfeindlichen Welt, einer Welt voller einseitiger Sinneserfahrungen *(vgl.Zimmer,R. 1995.24),* haben auch eine Veränderung der kindlichen Wahrnehmungsweise zur Folge.

Die Entwicklung und Förderung der Wahrnehmung bedarf heute einer neuen Beachtung, da vielen Kindern direkte Spiel- und Erlebniserfahrungen fehlen, die ganz nebenher die Wahrnehmung fördern.

Mit Wahrnehmung wird der gesamte Wahrnehmungsprozess beschrieben. Gemeint ist die Aufnahme und Verarbeitung der Reize durch die Sinnesorgane und die individuelle lebensgeschichtlich geprägte Interpretation dieser Reize. *(vgl. Zimmer 1995.31.)* Unter Wahrnehmung wird auch das Bewusstwerden, Reflektieren und Beurteilenkönnen von Personen - die eigene Person eingeschlossen - Dingen, Räumen und Situationen in ihren Eigenarten, Eigenschaften und wahrscheinlichen Reaktionen auf die eigene Aktion verstanden.

Kinder nehmen sich und die Umwelt anders wahr als Erwachsene, wie genau, dass können wir nicht wissen, wir können es nur ahnen, beobachten und versuchen zu verstehen.

Im Laufe des Lebens ändert sich die individuelle Lebenswahrnehmung und die Konzentration auf bestimmte Teilbereiche.

Die kindliche Wahrnehmung ist besonders dadurch geprägt, dass Kinder ganzheitlich wahrnehmen. Ihre Lebensaneignung basiert auf Selbstaktivität, auf unmittelbarem Erkunden der Menschen, Situationen und Dinge. Sie leben sehr viel mehr im Augenblick als Erwachsene und sie haben die Fähigkeit der völligen Hingabe an eine Tätigkeit im Moment. Dieses können Erziehende bei Kindern beobachten, die noch nicht zu sehr auf Außenreize fixiert sind. Es ist eine speziell kindliche Fähigkeit, im Moment zu verharren und die ganze Welt um sich zu vergessen. „Insoweit treffen in der Begegnung von Kindern und Erwachsenen immer zwei Welten aufeinander und die Pädagogik - gerade die Elementarpädagogik- sollte und muss darauf achten, dass sich die entwicklungspsychologische und -physiologische Welt der Kinder nicht durch Macht - gegen besseres Wissen und aus Unkenntnis heraus - der Welt der Erwachsenen anzugleichen hat." *(Krenz,A.1991.29)*

Die kindliche Lebenswahrnehmung und -gestaltung ist geprägt von einer besonderen Art, die den Schutz und die Hilfe der Erwachsenen fordert. Kinder sollten, wenn es die Situationen erlauben, möglichst häufig in ihren „Spiel- und Wahrnehmungswelten" bleiben dürfen, da es eben die ureigene kindliche Erlebniswelt mit den eigenen Erfahrungs- und Entwicklungsschritten ist.

So ist beispielsweise ein Kind gerade damit beschäftigt, eine Toilettenpapierrolle abzuwickeln. Vermutlich wird diese Beschäftigung mit vielerlei Erfahrungen verknüpft: Die faszinierende Tätigkeit des Abrollens, die Masse Papier, die entsteht, die Zerreißbarkeit des Materials, die scheinbare Unendlichkeit …, all diese Dinge können das Kind in seiner Wahrnehmung so im Bann halten, dass es vergisst, dass das Toilettenpapier einen anderen Zweck hat, dass es Geld kostet oder dass jemand wartet etc.

Als Erwachsene beschäftigen wir uns schnell zweck- und zielorientiert mit den Dingen unserer Umwelt. Ein Kind kann sich aber forschend und begreifend seiner Umwelt nähern.

Was gilt es nun zu tun, wenn die kindliche Art der Wahrnehmung mit der der Erwachsen zusammenstößt?

Erziehende sollten sich bemühen Handlungen der Kinder nicht als unwichtig zu bewerten oder sie zu missachten. Sich selbst im pädagogischen Prozess stets als Lernender zu sehen, ist ein wichtiges Element gegenseitigen respektvollen Umgangs.

Will ich das wechselseitige Lernen fördern, so kann das Kind in der zuvor beschriebenen Situation nach seinen Erlebnissen befragt werden. Aber es sollte auch darauf hingewiesen werden, dass andere gewartet haben.

Wenn die Erziehenden den Kindern vorleben, dass sie an den kindlichen Wahrnehmungsweisen und Handlungen interessiert sind, sie achten und ernst nehmen, dann können sie eher damit rechnen, dass auch die Kinder die Wahrnehmungs- und Handlungsweisen der Erwachsenen ernst nehmen und deren Grenzen beachten. Nach und nach werden sie am Vorbild lernen und versuchen sich den Handlungsweisen der Erwachsenen an den Stellen zu nähern, die ihnen altersgemäß vor-bildlich und sinnvoll erscheinen.

Als Erziehender habe ich die Chance an der kindlichen Lebenswahrnehmung teilzunehmen, mich ein wenig mitnehmen zu lassen in das Land des direkten Erlebens.

Ich kann immer wieder neu lernen im Augenblick zu sein, ohne als Erwachsener die notwendige Weitsicht zu verlieren. Das Kind lernt auf seine Art spielerisch und schrittweise die Weitsicht der Erwachsenen zu verstehen. Es wird versuchen, oft unbewusst, das jeweilig Erlernte mit seinen kindlichen Taten und Absichten zu verknüpfen und in verschiedenen Spielen und Alltagshandlungen zu überprüfen und zu erproben.

So folgt aus der gegenseitigen Achtung der unterschiedlichen Wahrnehmungswelten ein wechselseitiges Wachsen und Lernen.

Sinneswahrnehmung

Die große Bedeutung der Sinneswahrnehmung, der Pflege der Sinne für die Persönlichkeitsentwicklung ist immer wieder und schon seit dem 16. Jahrhundert von vielen Pädagogen und Denkern (Comenius, Locke, Hume, Rousseau, Pestalozzi, Montessori, Steiner, Kükelhaus u.v.a.) betont worden. In den letzten Jahren ist jedoch zunehmend von einem Schwund der Sinneswahrnehmung, von einseitigen Beanspruchungen und Reizüberflutungen die Rede. *(siehe Postman, N. 1987, Hurrelmann K., Engel, U. 1989, Zimmer, R. 1996, Kahl, R. NDR 1993 u.v.a.)*

Um bewusst wahrnehmen zu können, um über die Sinne die Umwelt lernend zu erkunden, bedarf es einer Schulung und einer Pflege der Sinne.

Die Sinneswahrnehmungsfähigkeit kann im heutigen medialen Zeitalter der einseitigen Sinnesbeanspruchung und der extremen Reizüberflutungen nicht mehr als natürliche Fähigkeit vorausgesetzt werden. Die reduzierte oder selektive Wahrnehmung muss punktuell aufgebrochen und gefördert werden, damit es nicht zu einer Wahrnehmungsverarmung und Sinnesverstopfung kommt.

Nehmen Kinder das Leben eher „zuschauend" als aktiv teilnehmend wahr, sehen sie beispielsweise nur über den Fernseher, wie Marmelade gekocht wird, so werden ihnen die unmittelbaren Zugänge des handelnden Erlebens genommen. Das Kind lernt mit wenigen Sinnen an „toten" Dingen, ihm wird eine Wirklichkeit aus zweiter Hand geboten. Wenn die veränderte Lebenswelt den Sinn für das Lebendige zunehmend zerstört, so müssen neue Wege der Wahrnehmungsförderung, der sinnesreichen Weltaneignung für Kinder gefunden werden, bzw. auf alte Erfahrungen des unmittelbaren spielerischen Erlebens zurückgegriffen werden.

„Ganz genauso müssten wir darauf achten, dass die Angriffe auf die Sinne des Menschen, auf seine Empfindungen, auf das lebendige Wahrnehmen, ausbleiben. Realität aber ist, dass sich unsere Wahrnehmungen ganz überwiegend an sterilen und toten Dingen bilden ... Aber der Umgang mit dem Toten, die Abhängigkeit davon rächt sich, und der Sinn für das Lebendige, für das Menschliche, geht verloren, wenn er nicht geschult und genährt wird." *(Schneider, W. 1987. 17)*

Die Sinne sind die Vermittler, die Brücke zwischen Innenwelt und Außenwelt. Wird diese Brücke durch Überreizungen oder Nichtbeachtung vernachlässigt oder zerstört, so wird das Folgen haben. Hugo Kükelhaus (1982) weist darauf hin, dass eine zerstörte Sinneswelt über eine zerstörte Innenwelt zwangsläufig zu einer zerstörten Mitwelt und Umwelt führt.

Vielfach können Menschen nicht mehr bewusst wahrnehmen, nicht mehr aufnehmen, weil sie übervoll sind, übervoll mit ungeordneten Reizen und Informationen.

Ein Glas, welches überfüllt wird, schwappt über. Wenn Kinder und Erwachsene angesichts ständiger Forderungen und Überforderungen „überschwappen", aggressiv, depressiv, passiv und krank werden, darf sich eigentlich niemand wundern. Im Gegenteil, diese Reaktionen können auch ein gesundes Zeichen dafür sein, dass der Mensch noch eine Wahrnehmung der „ungesunden" Lebensumstände hat, dass er noch ganzheitlich reagieren kann!

Kinder haben zunehmend Probleme im Wahrnehmungsbereich, im psychosozialen und psychosomatischen Bereich. An Nervosität, Unruhe, Rückenschmerzen, Magenbeschwerden, Schlafstörungen leiden in Deutschland rund vierzig Prozent der Kinder.
(Krenz, A. 1991.21, Kahl, R. NDR 1993, Zimmer, R. 1995.25 u.a.)

Die kindliche Lebenswelt zeichnet sich einerseits durch eine zunehmende Verdichtung und Komplexität der Anforderungen aus, andererseits entsteht ein wachsender Mangel an

direkten Wahrnehmungs- und Bewegungsräumen mit entsprechenden Erlebnissen und Erkenntnissen. Einige Sinne sind überfordert während andere weniger beansprucht, manchmal vernachlässigt oder gar nicht mehr bewusst wahrgenommen werden. Wahrnehmungsstörungen und Beziehungslosigkeit kann die Folge von einseitiger Sinnesnutzung oder gespaltener und überfordernder Wissensvermittlung sein. „Immer mehr Kinder scheinen mit der Überflutung von Reizen - speziell aus der Welt des Sehens und Hörens - nicht zurechtzukommen. Flüchtige Eindrücke, unverarbeitete Erlebnisse führen zu einer Art Stress-Symptom, das sich bei Kindern häufig in Bewegungsunruhe, Nervosität und Konzentrationsmangel äußert." *(Zimmer, R. 1995.25)*

Fehlt es Kindern an ausbalancierten Alltagwahrnehmungen, so kommen sie überdreht in den Kindergarten, zum Hort oder zur Schule und später dann wieder nach Hause. Den Erziehenden fehlt es oft an Möglichkeiten, kindgerecht mit den Überreizungen, Aggressionen, Depressionen und Unruheenergien umzugehen. Wenn einem Kind, die Zeit und Muße genommen wird, Sinneseindrücke zu spüren und zu verarbeiten, so besteht auf Dauer die Gefahr, dass es in seiner Wahrnehmung immer oberflächlicher wird und nicht mehr intensiv menschlich spüren und reagieren kann.

Einer Abstumpfung der Sinne kann entgegengewirkt werden, indem die Sinneswahrnehmung heute im Entwicklungsprozess wieder gezielt beachtet und gefördert wird.

Die überreizten Wahrnehmungsgewohnheiten lenken die Sinne und Bewertungen auf vorgefertigte Reize: das ist gut, weil bunt, jung, laut, aktuell, dynamisch, aktiv ... Zunächst nehmen die Sinnesorgane diese vielfältigen Signale und Reize auf, die weitere Verarbeitung im Bewusstsein hängt von der erlernten oder verkümmerten Wahrnehmungsfähigkeit ab. Nur wenn der Mensch in der Lage ist das Sehen, Hören, Tasten, Schmecken, Riechen mit nach innen zu nehmen, wenn die Reize noch Wurzeln finden, können tiefere Schichten im Menschen angesprochen und ausgeformt werden.

Schon Kindern im Vorschul- und Grundschulalter wird zunehmend eine gespaltene Erlebniswelt zugemutet, ihnen werden ganzheitliche Lernerfahrungen mit allen Sinnen genommen. „Der misssionarische Eifer, Kinder möglichst früh in naturwissenschaftlichen Denkzusammenhängen zu beheimaten und auf diese Art eine einseitige Intelligenz zu fördern, ist unkindgemäß und birgt die Gefahr in sich, Menschen zu programmieren, die lustlos und ohne Spannung, ja gelangweilt ihr Leben fristen, weil sie daran gehindert wurden, wirklich stark erleben zu dürfen." *(Betz, F. 1989.35)*

Kindern muss bei der Reizüberflutung auf der einen Seite und der einseitigen Sinnesnutzung auf der anderen Seite die Chance gelassen und geboten werden, in spielerischen Prozessen und Ruhephasen einen Ausgleich zu finden, damit die stabile Identitätsentwicklung nicht gefährdet wird.

Das Reich der Sinne ist ein sinnliches Reich, es bedarf der Berührung und Wahrnehmung. Im Bewusstsein um die tiefe Bedeutung der Entwicklung der Sinneswahrnehmungen gilt es, diese zu schützen und zu pflegen.

Entwicklungsförderung

Junge, zarte Pflanzen gießen wir behutsam und nicht mit einem starken verletzenden Strahl. Auch werden wir uns hüten, der Pflanze ein Pfund Dünger zuzufügen, sie würde unter dieser gut gemeinten Last eingehen, ersticken. Junge Bäume stellt niemand vor Riesenventilatoren, damit sie sich rechtzeitig an Stürme gewöhnen. Vielmehr wird in der Baumschule ein guter Boden ausgewählt, damit das Bäumchen kräftige Wurzeln entwickeln kann.

Was aber ist eine gute Grundlage, ein guter Boden für die Entwicklung eines Kindes?

Niemand weiß heute schon, welche Werte und Fähigkeiten die Zukunft fordert. Daher ist es für Kinder besonders wichtig ein stabiles inneres „Wurzelwerk" und Fundament zu entwickeln, um widerstandsfähig zu sein für die Lebensstürme, um auf zukünftige Veränderungen angemessen reagieren zu können, ohne gleich entwurzelt zu werden. Dabei ist in den ersten Jahren, wenigstens bis zum Schuleintritt, eine emotionale, körperliche und soziale Entwicklung genauso wichtig, wenn nicht wichtiger, als eine Entwicklung der kognitiven Fähigkeiten.

Leider wird der sozialen und emotionalen Entwicklung meistens erst Beachtung geschenkt, wenn so genannte „Verhaltensauffälligkeiten" darauf hinweisen, dass ein Kind mehr ist, als die Summe seiner sichtbaren Fähigkeiten und Begabungen. Kostenaufwendige therapeutische Reparaturmaßnahmen für Kinder sollen dann das ausgleichen, was den Kindern genommen wurde: *Freiräume als Spiel- und Entwicklungsräume!*

Das alte chinesische Sprichwort - „Solange die Kinder klein sind, gib ihnen Wurzeln, wenn sie groß sind, gib ihnen Flügel" - macht deutlich, wie wichtig gute Wurzeln, eine gute Erde und gute Bedingungen für die individuelle Entwicklung sind.

Wie kann eine gute Entwicklungsförderung aussehen, ohne zur zerstörerischen Entwicklungs-Forderung, zur Überforderung zu werden?

Kinder brauchen freie „Entwicklungs-Spiel-Räume", die nicht von außen gelenkt und vorbestimmt werden. Sie brauchen neben der Bewegung einen Schutzraum und Stille, damit sie sich zu einer einmaligen Persönlichkeit weiterentwickeln können. Nur unter diesen guten Rahmenbedingungen findet eine kindorientierte Entwicklungsförderung statt.

Im dynamischen Wechselspiel des Eindrucks und Ausdrucks sammelt das Kind über Begegnungen, Erlebnisse und Informationen Eindrücke. Diese werden mit den schon vorhandenen Erkenntnissen und Erlebnissen verknüpft und verarbeitet. Neu erworbene Eindrücke überprüft es dann aktiv handelnd, d.h. es sucht die Möglichkeit zum Ausdruck. Es will Erkenntnisse an der Wirklichkeit praktisch überprüfen oder Erlebnisse aktiv handelnd verarbeiten.

Wird dem Kind ausreichend Zeit zum Spielen und zur eigenen Zeitgestaltung gelassen, so verschafft es sich nach seinem eigenen Maß ein ausgeglichenes Verhältnis der Ein- und Ausdrücke.

Einseitigkeiten (Mediennutzung) und „falsches" Spielmaterial, zu wenig Bewegung etc. können jedoch zu Überreizung und einseitiger Überforderung durch Eindrücke führen. Um dieses zu verhindern, sollten Erziehende den Kindern ausreichend Freiraum für „Ein- und Ausdrücke" lassen.

Es ist darauf zu achten, dass das Kind in seiner Persönlichkeitsentwicklung auf allen Ein- und Ausdrucksebenen berührt, beachtet, gefördert und gefordert wird. Dem Kind werden im Laufe eines Tages sehr viele unterschiedliche Eindrücke zugemutet. In der Schule und über die Medien sind diese Eindrücke vielfach nur Informationen kognitiver Art. Um solche Informationen, Eindrücke zu verarbeiten, braucht das Kind Aus-drucksmöglichkeiten, um „Aus-dem-Druck" zu kommen.

Soll eine ganzheitliche Entwicklung gefördert und einer einseitigen Entwicklung entgegengewirkt werden, so müssen die unterschiedlichsten Ein- und Ausdrucksebenen des Kindes beachtet werden:

- Das Verhalten (Gefühle, Handlung, Gestik, Mimik, etc.)
  Gibt es Raum Gefühle auszudrücken, individuelles Verhalten zu zeigen?
- Das Spiel
  Gibt es Raum für das freie Spielen, Rollenspiel, Theaterspiel?
- Die Bewegung
  Gibt es Zeit und Raum für die freie Bewegung?
- Das Sprechen
  Gibt es Möglichkeiten für Gespräche, Einzel- und Gruppengespräche?

- Das Träumen und Phantasieren
  Hat das Kind Gelegenheit zum Träumen und Phantasieren, Träume und Phantasien auszudrücken?
- Das Malen und Zeichnen
  Hat das Kind Möglichkeiten zum malen und zeichnen?
- Das Schreiben
  Hat das Kind Möglichkeiten, das Schreiben als Ausdruck zu nutzen?
- Das Formen und Gestalten
  Gibt es Raum und Zeit für das kreative Formen und Gestalten?
- Zeichen, Symbole und Rituale
  Hat das Kind die Möglichkeit, sich über Zeichen, Symbole oder Rituale auszudrücken, wird es auf einer atmosphärischen Ebene angesprochen?

Das große Angebot (Spiele, Bücher, Medien, Gruppen etc.) zur - angeblichen - Förderung und Entwicklung der Kinder fordert heute von den Erziehenden ein hohes Maß an Kritikfähigkeit, aber auch eine Gelassenheit gegenüber all diesen Angeboten.

Förderungen enthalten oft versteckte Forderungen, werden zu Überforderungen.

So wie jeder Hefeteig, der aufgehen soll, Wärme, ein Schutztuch und Zeit braucht um seine inneren Kräfte zu mobilisieren, so braucht auch ein Kind gute Entwicklungsbedingungen auf allen Ebenen.

Konsumorientierung

Die leistungs- und konsumorientierte Gesellschaft hat eine Bedürfnisverschiebung, ja sogar Bedürfnisverwirrung bei Kindern wie Erwachsenen verursacht.

Die Wirtschaft hat das Kind als Konsument entdeckt und versucht dieses mit allen Mitteln der Werbung auf direkte und subtile Weise auszunutzen. *(siehe v.Friesen, A.1991)*

So wird dem Kind, den Eltern suggeriert, was für die kindliche Entwicklung alles gut sei. Die Warenfülle mit ihren Farben und Formen erstickt den Wesenskern und die eigene Entwicklungskraft der Kinder. Es werden Bedürfnisse geweckt, die das Kind von seinen ureigenen Spielbedürfnissen und Phantasiespielen ablenken.

Häufig werden die emotionalen und sozialen Bedürfnisse, die Urwünsche nach Liebe, Ansehen, Nähe, Beziehung, Geborgenheit und Zärtlichkeit mit den Sach- und Konsumgütern überdeckt oder scheinbar befriedigt. Daraus wird dann gefolgert: „Du hast doch alles! Warum bist du unzufrieden, nörgelig, aggressiv - ich habe dir doch alles gegeben!" Bei einem auf der emotional-sozialen Ebene vernachlässigten und auf der Konsumebene überschütteten Mensch entwickelt sich bei der Vorhaltung „Du hast doch alles!" zudem noch ein schlechten Gewissen, da er ja alle sichtbaren Werte in Form von Konsumgütern hat.

Solche Kinder haben sich schon früh daran gewöhnt materielle Dinge zu fordern, um ihre emotionalen Defizite auszugleichen, ihre „Gefühlslöcher" zu stopfen. *(vgl. v. Friesen, A. 1991. 34ff).*

Belastete Erziehende versuchen über Konsumgüter emotionale Defizite auszugleichen. Die Konsumwünsche der Kinder werden zum Befehl für die Erwachsenen, d.h. unter Druck werden dann von den Erwachsenen materielle Wünsche erfüllt, um nicht als „schlechte" Eltern da zu stehen. Sichtbare Dinge, die den Kindern durch die Werbung noch schamlos aufgedrängt werden, sind leicht zu fordern. Das Bedürfnis nach Liebe, Zuwendung, Ruhe und Zeit wird dabei nur unterdrückt oder verwischt.

Der Konsumrausch, das Mitrennen im Wertesystem der Leistungsgesellschaft „teuer, schneller und mehr ist besser" macht nicht nur blind, sondern auch dumm; er berauscht und erzieht zur unnötigen Anpassung. Solange der Mensch von der Werbung und von den schrillen lauten Reizen gefangen ist, merkt er nicht, wie „arm" er wirklich ist. Je mehr er von außen braucht, desto ärmer ist er von innen.

Die Begrenzung gegen übermäßigen Konsum, hier insbesondere in Bezug auf Spielwaren, muss heute eine klare Entscheidung sein. Nicht immer erzwingt der materielle Notstand das nötige „Nein", es sollte eine grundsätzliche pädagogische Haltung sein. Sich nicht von allen Reizen und Botschaften treiben zu lassen, sondern ein Gespür für die wirklichen Bedürfnisse und Wünsche zu entwickeln und zu erhalten, ist eine relativ neue Erziehungsaufgabe. Eine bewusste Auseinandersetzung mit Konsumreizen, mit Konsumzwang ist gefordert, die Frage nach dem eigenen vorbildlichen Umgang ist miteingeschlossen. *(vgl.v.Friesen,A.9ff)*

Heute ist die tendenzielle Antwort auf die philosophische Frage „Haben oder Sein?": „Noch mehr Haben!"

Grundsätzlich wird der Mensch, wenn nicht die Zerstörung und Ausbeutung das Ziel ist, mehr und mehr zu der Erkenntnis kommen müssen, dass im „Sein" das Haben liegt.

Für die kindliche Entwicklung ist oftmals weniger mehr! Schaffen es Erziehende, sich dem Konsumzwang zu entziehen, so werden sie sich kritisch mit der Auswahl von Spiel- und Fördermaterialien auseinander setzen und dem Kind Entdeckungsfreiräume verschaffen.

Die Vorstellung darüber, was gutes spielen, gutes Spielzeug ist, wird jedoch stark durch die konsumorientierte Spielzeugindustrie und Werbung gesteuert.

Spielmaterialien mit vorgefertigten Gedanken werden den Kindern wie Fertigprodukte angeboten. Da gibt es Brett- und Planspiele, Spielmaterialien, deren Spielidee von Fernsehserien und Filmen geprägt sind, parallel werden nach einem zeitlich genau abgestimmten Plan, diverse „Parallelmaterialien" auf den Markt gebracht, z.B. Zahnbürsten, -becher, Stifte, Anhänger etc. mit entsprechenden Aufdrucken. Die Kinder müssen natürlich im harten Konkurrenzkampf bestehen und somit alles, was es in einer „Serie" gibt, haben. So werden Kindern fertige „Welten" und Weltbilder präsentiert. Die Entwicklung der eigenen Phantasien, Wünsche, Vorstellungen bleibt bei vielen Spielen und Spielmaterialien unberücksichtigt oder sogar unterdrückt. Wenn z.B. Puppen oder Figuren mit ganz spezifischen Charakteren von amerikanischen Firmen auf den deutschen und internationalen Markt gebracht werden, dann wird auch die „Denk- und Bewusstseinsebene" der Kinder eben von diesen Firmen gesteuert und geformt. Das Frauen- und Mädchenbild wird über eine fremdbestimmte Puppenform und „Spielweise" geprägt. Und sicher fördern aggressive unästhetische Plastikspielfiguren und brutale Computerspiele nicht das Sozialverhalten der Kinder.

Untersuchungen und Forschungsprojekte zum Thema „Spielzeugfreier Kindergarten" *(siehe Aktion Jugendschutz,Landesarbeitsstelle Bayern e.V., kindergarten heute, Herder 6/94 u.a.)* zeigen mehr und mehr, dass Kinder durch das viele Spiel- und Fördermaterial und die ständige umfassende Beschäftigung eher in ihrer ureigenen Entwicklung behindert als gefördert werden.

In Modellprojekten spielzeugfreier und spielzeugreduzierter Einrichtungen wurden nach kürzester Umgewöhnungszeit die Erfahrungen gemacht, dass die Kinder in ihren eigenen Spielfähigkeiten viel kreativer und offener wurden, dass die sozialen Fähigkeiten auf eine neue kindgemäße Weise gefördert wurden, dass die Kinder zur Eigeninitiative motiviert wurden und nach eigenen nicht geschlechtsspezifisch und anderswertig festgelegten Mustern spielten, eben ihren eigenen Rhythmen, Werten und Vorstellungen folgend.

Wenn es nicht so viele fremdgesteuerte Vorgaben gibt, lernen die Kinder demnach eher das Leben aktiv gestaltend selbst in die Hände zu nehmen.

Die industriell gesteuerten Begierden des „Haben-Wollens" und „Dabei-Sein-Wollens" werden gezielt über Werbung geweckt. Durch all die Angebote und durch die Werbung werden Konkurrenzdenken, Neid- und Wunschgefühle auch schon bei Kindern geweckt und verstärkt. So beginnen sie, ihren persönlichen Wert an dem Preis, an der Marke der Kleidung, des Fahrrads, des Spielzeugs zu messen. Die Markenware informiert anscheinend über die Lebensqualität, sie sagt, wie gut es jemandem geht.

Wenn alle Kinder das gleiche Spielzeug haben, dieselben Sendungen sehen, die gleiche Markenkleidung tragen, dann werden sie sich immer ähnlicher entwickeln, ähnlich denken. Der individuellen Entwicklung der Kinder wird entgegengewirkt.

Der Mensch wird zunehmend zum vergleichenden Wesen in der gleichförmigen von der Verkaufsindustrie geformten Masse.

Will man Kinder motivieren, das eigene Leben aktiv gestaltend selbst in die Hand zu nehmen, so ist es wichtig, die kindlichen Lebenskompetenzen der Weltaneignung nach eigenen kindgemäßen Rhythmen, Vorstellungen, Fähigkeiten, Wünschen, Zeitrahmen, nach eigener Wahl der Spielmaterialien und -objekten etc. zu fördern und sich entwickeln zu lassen.

Medien

Ob es nun die Faszination der Technik oder der Mangel an Spiel- und Bewegungsräumen, an Zuwendung ist, Tatsache ist, dass Kinder sehr viel Zeit vor den Fernsehern und Computern verbringen. Viele Kinder im Alter von 6-8 Jahren schauen schon bis zu 30 Stunden in der Woche fern. *(Zimmer,R. 1997.94, Kahl,R. NDR 1993 u.v.a.m.)* Ohne die vielschichtigen Beweggründe für übermäßigen Medienkonsum näher betrachten zu können, sollen doch einige Auswirkungen der Mediennutzung auf die Entwicklung des Kindes, auf die Entwicklung des Spiel- und Kommunikationsverhalten deutlich gemacht werden. „Am intensivsten ist die Fernsehnutzung übrigens bei Kindern, die nur wenig familiäre, emotionale bzw. erzieherische Zuwendung erhalten. Bereits im Grundschulalter verbringen viele Kinder mehr Zeit vor dem Fernseher als in der Schule. Wo bleibt da noch Zeit zum Spielen? Wo und wie wird das verarbeitet, was sie sehen?" *(Zimmer,R.1997.94f)*

Das Kind muss sich schon früh mit einer entgrenzten Wirklichkeit auseinander setzen, d.h. es werden ihm über die Medien Situationen und Ereignisse vermittelt, die mit seinem derzeitigen Bezugsfeld, mit seiner nahen direkten Lebenswelt nichts zu tun haben. So muss es z.B. Morde, Kriege, Vergewaltigungen, Brutalitäten ... ansehen, die das kindlich positive Welt- und Menschenbild zerrütten oder zerstören können. Die Verarbeitungsmöglichkeiten des Kindes werden oftmals überfordert. Der Ort des Erlebens wird auch für Kinder immer unwichtiger, Medien schalten Erfahrungen gleich. Alle haben eine Sendung gesehen, also das Gleiche „erlebt". Fernsehen schablonisiert und normiert Erfahrungen und Erlebnisse, das freie Spiel hingegen gibt Raum für individuelle Erfahrungen und Erkenntnisse.

In einer Phase der kindlichen Entwicklung, in der Grenzen und Orientierungen notwendig sind, wird dem Kind eine Wirklichkeit aus 2. Hand, eine grenzenlose Weltsicht geboten. Wie soll das Kind eine stabile Identität entwickeln, wenn Informationen und die medialen Erlebnisse grenzen-los sind? Kinder beginnen das Leben zuschauend statt lebendig agierend zu erleben und zu gestalten.

Es kommt zunehmend zu Überforderungen bei Kindern und Erwachsenen, die sich sehr unterschiedlich äußern: „Viele dieser sozial, psychisch und physiologisch von der erwünschten Norm abweichenden Verhaltensweisen müssen wir als Symptome für Stress, für einen bio-psycho-sozialen Spannungszustand werten, der sich aus den vielfältigen Belastungen ergibt, denen sich schon junge Menschen in modernen Industriegesellschaften ausgesetzt sehen. ... Wohl aus diesem Grund wächst auch bei Kindern trotz hohem Lebensstandard der Anteil mit sozialen Problemen, mit psychischen Störungen und körperlichen Krankheiten." *(Hurrelmann,1992.66, siehe auch Kahl,R. NDR 1993)*

Solange Kinder schreckliche Eindrücke über kindliche Ausdruckweisen deutlich machen können, sich so „Aus-dem-Druck" bringen können, haben sie noch eine positive Verarbeitungsmöglichkeit. Zur Weltaneignung brauchen Kinder nicht die Welt der Medien, sie brauchen die reale Welt des Erlebens und der aktiven Auseinandersetzung. Durch das Konsumieren von Fernsehsendungen und Computerspielen wird die natürliche Aktivität des Kindes gebremst, der Entwicklung der Sinne entgegengewirkt.

Der Fernsehkonsum verringert nicht nur die Spielzeit, was schon folgenschwer genug wäre, er verändert auch den Charakter des kindlichen Spiels. So spielen Kinder eher von Erwachsenen vorgefertigte Geschichten nach, als die Geschichten des eigenen Lebens, als Geschichten ihrer Phantasiewelten. Erwachsene machen das Kinderfernsehen und interpretieren Kinderinteressen. Es gibt kein Kinderfernsehen, da Kinder aus ihrer eigenen Kraft keine Sendung machen können.

Verständlich und logisch ist es, dass jede Beschäftigung, die das Kind vom freien Spiel abhält und ablenkt, auf Kosten einer gesunden Spielentwicklung geht und damit auch die Persönlichkeitsentwicklung beeinflusst. *(Neuschütz, K. 1980, Winn, M. 1979, Meyrowitz, J. 1984)*

Spielen ist für das Kind lebensnotwendig, das Fernsehen und der Medienkonsum sind für die Entwicklung der Kinder eher hinderlich als förderlich. Kinder müssen von und mit Erwachsenen lernen, verantwortungsvoll und entwicklungsfördernd mit den technischen Errungenschaften umzugehen. Die Medien dürfen nicht zu Ersatz für soziale Beziehungen und für unmittelbare Erfahrungen werden, die vielsinnige, bewegungsfreudige, nahe Auseinandersetzung mit der Umwelt ist die kindgemäße.

Spiel-Räume für Kinder

Das Spiel hat so vielfältige Bedeutungen und Deutungen, dass es unmöglich ist, den Wesenskern des Spiels zusammenfassend zu beschreiben. *(siehe Piaget,J.1975., Oerter,R./Montana,L.1987.,Flitner,A.1972.,Fritz,J.1986 u.v.a.m.)*

Das Spiel ist keine produktorientierte Tätigkeit, das Motiv ist nicht das Ergebnis, sondern die Handlung selbst.

Wird das Spiel zunächst als zweckfrei definiert, so ist es doch ein unverzichtbarer Bestandteil der kindlichen Persönlichkeitsentwicklung.

Das Spielen ist die kindgemäße Betätigungsform schlechthin. Spielerisch setzt sich das Kind mit sich, mit Menschen, Dingen und Ereignissen auseinander, es macht sich so die Mitwelt zu eigen. Jedes gesunde Kind bringt die Fähigkeit und Bereitschaft zum Spiel mit auf die Welt. Ob die Spielfähigkeit erhalten und gefördert wird, hängt vom Umfeld, d.h. vom Lebens- und Bewegungsraum und von der behutsamen Auswahl der fördernden Spielmaterialien ab.

Die schon 1692 von John Locke formulierten Gedanken über das Spielverhalten der Kinder können uns fast 300 Jahre später nachdenklich stimmen: „Noch etwas über die Spielsachen der Kinder mag der Sorge der Eltern wert sein. Obwohl man damit einverstanden sein kann, dass sie Spielsachen verschiedener Art haben sollen, meine ich doch, man sollte ihnen keine kaufen. Dadurch vermeidet man das Vielerlei, mit dem sie oft überladen werden und das nur dazu gut ist, im Gemüt ein Verlangen nach Wechsel und Überfluss zu wecken, es aus der Ruhe zu bringen und ständig nach weiterem ausgreifen zu lassen, ohne zu wissen wonach, so dass es nie mit dem zufrieden ist, was es hat." *(Locke,J.1970.162)*

Die Spieltätigkeit und die Spielmaterialien verändern sich mit der Zeit, auch sind sie Spiegel der gesellschaftlichen Prozesse. Werden vorwiegend funktionelle aggressive Spiele angeboten und gespielt oder eher kreative freie Spiele, so kann das auch etwas über die Art und Weise des derzeitigen Wertebewusstseins aussagen.

Bestimmte Spiele und Spielideen sprechen in erster Linie das „Lernen"an, die kognitiv rationale Seite, andere Spiele hingegen eher die emotionale. Spiele haben immer eine Wirkung auf das Kind.

Vielfach werden Kinder unreflektiert mit Spielmaterialien konfrontiert, die zunächst als „künstliche" Produkte bezeichnet werden können, wenn sie den natürlichen „Objekten", d.h. den Menschen und Dingen der Umwelt, Alltagsmaterialien als Spielobjekten, gegenübergestellt werden. Das Spielen und Lernen mit „toten" oder „lebendigen" Objekten prägt unterschiedlich. Wichtig ist es sich deutlich zu machen, dass Spiele immer eine Wirkung auf das Kind haben.

Es ist ein Unterschied, ob ein Kind oder ein Erwachsener beim Spielen mit einem Tier Erfahrungen macht oder beim Pflegen einer Pflanze das Säen, Wachsen, Blühen, Verwelken und Sterben als Lebenskreislauf in seinen Polaritäten des Anfangs und Endes miterlebt - oder ob ein Tamaghotshi-Ei teuer gekauft, bei Piep-Ton mit Knopfdruck gefüttert wird, Streicheleinheiten bekommt und wenn es dann stirbt, wieder erweckt und wenn es nervt weggeworfen wird.

Wird in einer Spielidee die rationale Beherrschbarkeit oder der Macht- und Gewaltgedanke verfolgt, so wird dem Kind auf diese Weise auch ein ganz bestimmtes Weltbild vermittelt.

Das Kind spielt das Spiel der Erwachsenen. Das Spiel, welches sich ggf. gut verkaufen lässt oder welches einige Menschen als pädagogisch wertvoll bezeichnen.

Die Schnelligkeit, mit der ein Kind ein Spiel „abhakt", zur Seite legt, weil da schon ein neues angeboten wird, hat sicher nicht mehr viel mit der inneren Zeituhr des Kindes zu tun. Es ist der Außenreiz und die Reizüberflutung, die da steuern.

Wert des Spielens

Gerade in den ersten Lebensjahren ergeben sich viel Spiele und Spielhandlungen aus einer Begegnung oder einer Situation. Diese Spiele haben keine äußeren Regeln, sie formen sich aus dem Inneren des Kindes, Antrieb ist die natürliche Neugierde des Menschen.

Am Spiel, an der Entscheidung für eine bestimmte Spieltätigkeit, an der selbst gewählten Dauer können wir das Kind beobachtend verstehen lernen. Ein intensiv spielendes Kind experimentiert lange, wiederholt häufig Funktionen solange, bis es sich der Funktion und Eigenart sicher ist. Wenn wir das Kind in seiner wiederholenden Spieltätigkeit nicht verstehen, so sollten wir es respektieren oder vielleicht auch einfach nur staunend teilnehmen.

Das Spiel verknüpft das Erleben der Zeit. Vergangenes wird aufgearbeitet, Gegenwärtiges erspürt, erforscht und genossen, Zukünftiges geplant und erprobt.

In den ersten Lebensjahren entwickeln sich die Grundmuster des Persönlichkeitskerns. Die Spielerfahrungen, die ganzheitlich und sehr tief vom Kind erlebt werden, prägen das Kind wesentlich und bedürfen eines Raumes, der diese individuelle Entwicklung fördert und schützt.

Welche möglichen Wirkungen eine Spielhandlung haben kann, welche Erfahrungs- und Lernerlebnisse „nebenher" gemacht werden können, wird im Folgenden exemplarisch am Bauklotzspielen aufgezeigt:

Wenn sich das Kind für eine Spielart entscheiden kann und entscheidet, so wird dadurch die Initiative gefördert eigene Interessen wahrzunehmen und umzusetzen. Die Neugierde

an der selbstständigen Entwicklung wird geweckt. Bei der einfachen experimentellen Spieltätigkeit des Bauklotzstapelns wird dem Kind durch die variantenreichen Möglichkeiten ein Blickwinkel für unterschiedlichste Lösungswege und Lernprozesse eröffnet.

Allein lernt das Kind begreifen, wie Dinge funktionieren können, es lernt Zusammenhänge herzustellen und in der Spieltätigkeit zu überprüfen. Es erlebt, dass es bestimmte Gesetzmäßigkeiten gibt, die zu beachten sind. Beim Turmbau wird es Schritt für Schritt erfahren, wann Klötze aufeinander liegen bleiben und wann nicht; es wird erleben, dass bestimmte Bedingungen günstig und andere ungünstig sind, dass z.B. unvorsichtiges gehen, wagemutige Handlungen, Unvorsichtigkeiten oder ein Luftzug ein wackeliges Werk zum Einsturz bringen können.

Ein Kind glaubt zunächst, die „Macht" über die Klötze zu haben, demnach haben die Klötze sich nach dem Willen des Kindes zu richten. Langsam lernt das Kind aber auch äußere Gesetzmäßigkeiten kennen und anerkennen, es lässt sich auf die Tatsachen der Realität mehr und mehr ein, es lernt das Wollen mit dem Können zu koordinieren.

Zunächst mag es bei der Erfahrung, dass die Klötze nicht so wollen, wie das Kind es will, wütend sein Werk zerstören und sogar auf den Klötzen herumtrampeln. Erkennt es aber die äußeren Gesetzmäßigkeiten in zunehmendem Maße an, so beginnt es, mit viel Phantasie und Kreativität Türme, Burgen und Städte zu bauen, die es dann oft über einen langen Zeitraum stehen lassen möchte. Es ist sich seiner neuen Erfahrung und Handlungsmacht, Möglichkeiten und Grenzen, sicher und möchte vielleicht sogar Bewunderung und Bestätigung von außen. *(vgl. Bettelheim, B. 1990. 198ff.)*

Allein die Tätigkeit des Aufbauens und Zerstörens kennzeichnet ein typisches Merkmal des Spiels: die Anspannung und Entspannung als treibende Kraft vieler Spiele und des Lebens.

Die Funktionslust ist das gute Gefühl, welches empfunden wird, wenn Körper, Geist und Psyche gut funktionieren, im Einklang sind. Wenn das Kind also im Spiel erlebt, dass sich Gedanken, Ideen und Phantasien in die Tat umsetzen lassen, dass eine Handlung einer Idee folgen kann, so erlebt es die Funktionslust, die eine Art Antriebsenergie und Handlungsmotivation ist.

Spiele haben auch immer einen symbolischen Charakter, d.h. ein turmbauendes Kind baut sich seine eigene Welt nach eigenen Wünschen und Vorstellungen mit den Grenzen der Wirklichkeit, die nur in der reinen Phantasie zu umgehen sind. Baut das Kind allein, so muss es zunächst nur sich in Beziehung zu dem Material setzen, es spielt nach seinen Vorstellungen. Irgendwann hat es Interesse mit anderen Kindern zu spielen. Es entdeckt, dass man gemeinsam neue Erfahrungen machen, größere Werke schaffen kann und dabei vielfältigere Ideen zustande kommen. Die neue Solidarität fordert aber auch Rücksichtnahme und das Einlassen auf die Vorstellungswelten anderer, ein wichtiger sozialer Lernschritt.

Spielt das Kind allein, so kann es das befriedigende Gefühl haben, gut zu funktionieren. Spielt es mit anderen, so erlebt es Kooperation und Solidarität, es spürt, dass es sich mit anderen austauschen und mit anderen auskommen kann. Das Alleinsein und die Gemeinschaft werden spielerisch erprobt und erfahren.

Beim Turmbau lernt das Kind z.B. auch, dass erst die Ausdauer und das wiederholende Experimentieren zum Erfolg führen.

Im Spiel gewöhnt sich das Kind an viele Lebensprinzipien, die für das spätere Leben eine Grundlage bilden und für die Persönlichkeitsentwicklung von Bedeutung sein können, es können Elementarerfahrungen gemacht werden.

Phantasie

Antoine de Saint-Exupéry erzählt im kleinen Prinzen, dass Erwachsene in Kinderzeichnungen immer nur das sehen, was augenscheinlich ist. Sie benutzen nicht ihre Phantasie, entdecken keine Bilder und Geschichten hinter den Bildern .

So ist Saint-Exupéry als sechsjähriger enttäuscht, dass die Erwachsenen bei seiner ersten Zeichnung nur einen Hut erkennen, obwohl er eine Riesenschlange dargestellt hat, die einen Elefanten verdaut. Nach dieser Erfahrung erkennt er, dass die großen Leute nie etwas von selbst verstehen und es den Kindern zu anstrengend ist, ihnen immer und immer wieder alles erklären zu müssen.

Möglicherweise machen Kinder solche oder ähnliche Erfahrungen häufiger mit Erwachsenen. Wie oft sind diese nicht in der Lage, sich in die Welt des Kindes hineinzuversetzen. Kinder können hinter scheinbar wenigen Strichen ganze Welten und Geschichten sehen und entstehen lassen. Sie sind in der Lage aus einem Holzklotz einen Becher, ein Auto, einen wilden Löwen oder unendlich viele andere Dinge entstehen zu lassen. Ihrer phantasievollen Vorstellungskraft und Kreativität sind da keine Grenzen gesetzt. Auch ist das Kind in der Lage sich pantomimisch auszudrücken, d.h. es stellt sich Gegenstände und Personen nur vor - geht aber mit ihnen um. Das Kind scheint diese Spielsituation als Realsituation zu erleben, es lebt in der Spielwelt.

Der frei flutenden Phantasie sind keine Grenzen gesetzt. In Phantasien und Träumen ist alles möglich, es gibt keine Ordnung, keine Grenzen und Verbote hindern den Lauf der Phantasie.

Erst das Phantasiespiel baut eine Brücke vom Inneren zum Äußeren. Der Psychologe B. Bettelheim bezeichnet das Spiel als Brücke zur Wirklichkeit und betont eindrücklich die Wichtigkeit der eigenen Phantasie, des Phantasiespiels. *(vgl. B.Bettelheim.1987.192ff.)*

Ein allmächtiger König sein zu wollen und ein unendliches Schloss mit vielen Untertanen zu besitzen, die alle nur darauf bedacht sind, die Wünsche des Königs zu erfüllen, diese Phantasien lassen sich beliebig ausmalen und weiterspinnen. Versucht das Kind diese Phantasien ins Spiel umzusetzen, so wird es recht bald merken, dass schon in der Spielwirklichkeit Gesetzmäßigkeiten und Ordnungen zu beachten sind. Solch ein spielendes Kind erlebt schon bald, dass der mächtige König seiner Phantasie sich nur solange behaupten kann, wie er das Wohlwollen seiner „Untertanen" besitzt, d.h. das Spiel wird enden, wenn die anderen Kinder in ihren Freiräumen, in ihrer Würde unterdrückt werden, wenn der König also nur an sich und seine Wünsche und Bedürfnisse denkt.

Um eine realistische Selbsteinschätzung zu bekommen, ist es bedeutend, dass die Welt der Phantasie mit der Außenwelt in Verbindung gebracht wird - dieses geschieht in den ersten Jahren vorwiegend über das freie spielen, über das Phantasiespiel.

Im Spiel, im Phantasiespiel überprüft das Kind seine Phantasien an den Grenzen der Wirklichkeit. Es lernt eigene Wünsche und Phantasien mit den Wünschen und Grenzen anderer Menschen in Beziehung zu setzen, sich mit eigenen und fremden Bedürfnissen auseinander zu setzen, eine wesentliche Lebensgrunderfahrung.

Wahrscheinlich haben die Kinder von heute, wie vielfach behauptet, nicht weniger Phantasien, als die Kinder früherer Zeiten, sie haben nur zu wenig Zeit und Muße für die eigenen Phantasien.

Viele so genannten „Phantasiereisen", die den Bücher- und Spielemarkt überschwemmen, haben mit der individuellen Phantasieentwicklung des Kindes nichts zu tun. Die fördernde Wirkung in therapeutischen Zusammenhängen bleibt sicher unbestritten. Jedoch im Spielalltag müssen dem Kind nicht noch solcherart „Phantasiereisen und -geschichten" zugemutet werden, in denen die kindlichen Phantasien, Gedanken und Gefühle gelenkt und gesteuert werden: du fühlst dich jetzt so ..., du bist jetzt... etc. Kindliche Phantasien sollen sich frei entwickeln können, Identifikationsfiguren (Märchen, Geschichten...) sollen frei gewählt und eigene Gefühle und Stimmungen gespürt werden. Kinder sollen ihren eigenen Phantasiereisen nachgehen.

Durch vorgefertigte Bilder und „Fremdphantasieprodukte" der Massenmedien und Verkaufsindustrie wird die individuelle innere Bilderwelt der Kinder unterdrückt oder gar zerstört, eine Entfaltung der eigenen Phantasie wird verhindert.

Ist ein Kind beispielsweise wütend, so will es vielleicht in seiner Phantasie zerstören, zertrampeln, jemandem den Kopf abreißen etc. Testet das Kind die Umsetzung der aggressiven Wünsche und Phantasien, reißt es im Spiel der Puppe den Kopf ab oder dem Stofftier die Augen aus, so macht es u.U. Erfahrungen mit den Grenzen der Wirklichkeit. Es erlebt, dass Zerstörungen Folgen haben, die nicht so einfach rückgängig gemacht werden können. Die Erfahrung, dass die unbegrenzten Wünsche der Phantasie, des Unbewussten mit den Grenzen der Wirklichkeit zusammenstoßen, macht das Kind über das Spiel, es lernt sich so mit Realitäten auseinander zu setzen. „So werden die Wünsche des Unbewussten durch die begrenzten Möglichkeiten der Realität gemildert, die das Kind beim Spielen kennen gelernt hat." *(B.Bettelheim. 1987.197)*

Das Phantasiespiel gibt dem Kind die Gelegenheit sich zu erproben, sich auszuagieren, es wird von der Innenwelt eine Brücke zur Außenwelt, zur Wirklichkeit geschlagen. Mit Hilfe der Phantasiespiele, die als Rollenspiele, als Spiele mit Personen und Materialien stattfinden, kann das Kind in seinem Inneren Ordnung schaffen, Gefühle verarbeiten und Aggressionen bewältigen. Ebenso kann es mit Hilfe der Phantasiewelt der mitunter auch enttäuschenden Welt zeitweise entfliehen, sich erholen. Bis zu einem gewissen Grade kann das Kind durch das Spiel mit seiner Phantasie Bedrängungen und Ängste, die aus dem Unterbewussten oder aus der realen Umwelt kommen, regulieren und ausgleichen.

Da die reiche Welt der inneren Phantasien nur in Ruhe zur Entfaltung kommen kann, ist es wichtig, Kindern diese Entfaltungsräume als Freiräume zu lassen, ihnen ausreichend Zeit zum Phantasieren und Träumen zu geben, ohne nach messbaren Ergebnissen Ausschau zu halten.

Voll Sinnen spielen

– Einführung –

Das Spielen ist in erster Linie eine zweckfreie Tätigkeit, die ihren Sinn in sich hat!

Die hier vorgestellten Spiele und Übungen zur Wahrnehmung der Ruhe, der Sinne und der Umwelt sollen in der praktischen Umsetzung deutlich machen, dass die Intention dieser Spielauswahl von innen nach außen geht, d.h. vom Menschen zur Mitwelt. Der Mensch, die individuelle Persönlichkeitsentwicklung des Kindes ist Ausgangs- und Bezugspunkt.

Erst wenn der Mensch sich selbst in Ruhe wahrnehmen kann, kann er seine Sinne bewusst wahrnehmen und einsetzen. In der spielerischen Auseinandersetzung und mit wiederholenden Übungen kommt es zu einer bewussten Wahrnehmung der Sinne:

- Aus dem Sehen wird ein Schauen
- Aus dem Hören wird ein Horchen
- Aus dem Schmecken wird ein Kosten
- Aus dem Riechen wird ein Schnuppern
- Aus dem Tasten wird ein Spüren
- Aus dem Ungleichgewicht wird ein Gleichgewicht.

Der Mensch wird so in seiner Ganzheitlichkeit angesprochen, seine individuelle Wahrnehmungsweise und Entwicklungskraft wird respektiert.

Da die spielerische Auseinandersetzung, das Spielen, dem Menschen eigen ist, liegt die Motivation und Fähigkeit zum Spielen im Menschen. Ist die Motivation zu spielen scheinbar nicht mehr vorhanden oder verschüttet, so bedarf es einer Motivationshilfe. Behutsam müssen die Neugierimpulse wieder geweckt werden. Die hier vorgestellten Spiele können auf einfache Weise die dem Menschen eigene Spielmotivation und -freude wecken und sich individuell kreativ entwickeln lassen. Alle die als SpielleiterIn fungieren, sollten immer sehr behutsam mit den Spielenden umgehen, positiv animierend einladen, aber immer auch Raum für den Rückzug lassen, den Frei-raum als Lebensspielraum achten.

Die Spielangebote sind als Impulse gedacht sich mit Kindern und Gruppen kreativ selbst Spiele auszudenken oder weiterzuentwickeln, offen zu sein für die vielfältigen inneren Spiel-räume der Menschen.

Die verschiedensten Spiele, die im Folgenden vorgestellt werden, vereinen alt bekannte klassische mit neu entwickelten und abgewandelten Spielen.

Die einführenden Rubriken (Spielart, Material, Personen, Alter, Dauer) sind einheitlich und sollen einen hilfreichen Orientierungsrahmen bieten. Regeln und Rahmen sollen für den Menschen da sein, förderlich sein. Sind sie hinderlich, müssen sie verändert werden.

Ziel dieser Zusammenstellung ist es, allen, denen der Wert des Spielens bewusst ist, Hilfen und Anregungen zu bieten, losgelöst vom konsumorientierten Spielzeugmarkt das Spielen auf kindorientierte Weise zu fördern.

Jede spielerische Handlung, die aus einer freiwilligen Neugierde - Impuls für Entwicklung - heraus entsteht, bringt neue Erfahrungserlebnisse, die in ihrer Wirkkraft nicht exakt messbar aber dennoch sehr wertvoll sind!

Wahrnehmung der Ruhe

Spiele und Übungen zur Selbst- und Ruhewahrnehmung

Murmelkönig

Spielart: Selbst- und Ruhewahrnehmung
Materialien: 40-50 Glasmurmeln, evtl. Entspannungsmusik, Augenbinden
Anzahl: 4-20 SpielerInnen
Alter: ab 5 Jahren
Dauer: ca.10 Min. je Durchgang

Die SpielerInnen ziehen ihre Schuhe aus, legen Augenbinden an oder schließen einfach die Augen.

Die Glasmurmeln werden auf dem Boden verteilt.

Alle bewegen sich vorsichtig im Raum und fühlen dabei mit den Fußsohlen den Fußboden ab. Dabei können die Arme schützend vor den Körper gehalten werden.

Wer eine Murmel ertastet, geht vorsichtig in die Hocke und hebt sie auf.

Sind alle Murmeln aufgelesen, öffnen die SpielerInnen auf ein Zeichen die Augen. MurmelkönigIn ist, wer die meisten Glasmurmeln aufgesammelt hat. Er/sie darf die Murmeln für die nächste Runde im Raum verteilen.

Bemerkung:

Dieses Spiel eignet sich sehr gut, wenn eine Ruhe- und Konzentrationsübung in Kindergarten, Schule oder Alltag gewünscht wird. Durch eine Konzentrationsverlagerung auf den Tastsinn der Füße, hat diese Übung eine ausgleichende Wirkung gegenüber einer einseitigen Sinnesbeanspruchung.

Stilleland

Spielart: *Selbst- und Ruhewahrnehmung*
Materialien: *ggf. Augenbinden*
Anzahl: *ab 10 SpielerInnen*
Alter: *ab 5, kleinere Kinder an die Hand nehmen*
Dauer: *ca. 10-15 Min.*

In einem leeren Raum (ggf. Stühle und Tische an die Seite räumen) stellen sich die SpielerInnen (BewohnerInnen des Stillelandes) an eine Seite des Raumes. Ein Spieler, eine Spielerin wird zum „Schützer des Stillelandes" ernannt und steht etwa zwei Meter vor den anderen. Alle schließen die Augen (ggf. mit Augenbinden). Die BewohnerInnen des Stillelandes wollen von der einen Seite des Raumes zur anderen gelangen, ohne vom Beschützer bemerkt zu werden. Der Beschützer hingegen versucht ebenfalls mit geschlossenen Augen die StillelandbewohnerInnen durch Anticken daran zu hindern. Wer berührt wird, wird selbst zum Beschützer. Wer die andere Seite unbehelligt erreicht hat, versucht sein Glück von vorn! Gibt es mehr BeschützerInnen als BewohnerInnen in Stilleland, erfolgt ein neuer Durchgang.

Variante:

Dieses Spiel kann sehr gut auch im Freien gespielt werden. Es muss allerdings ein ertastbarer Rahmen vorhanden sein: z.B. die Ecken des Geländes mit Stühlen markieren und das Gelände mit Schnüren begrenzen.

Bemerkung:

Dieses Spiel bietet die Möglichkeit sich zu bewegen und seine Konzentration auf die Körperwahrnehmung, auf das Gehör zu verlagern.

Wetterbericht

Spielart: *Selbst- und Ruhewahrnehmung*
Materialien: *ggf. Wolldecken*
Anzahl: *2-20 SpielerInnen*
Alter: *ab 4 Jahren*
Dauer: *ca. 15 Min.*

Jede Person (A) sucht sich einen Partner (B). Person A legt sich bäuchlings auf den Boden, bzw. auf eine Decke. Mit Hilfe der Hände wird ein Wetterbericht auf der Rückseite des Körpers spielerisch übermittelt.

Mit den entsprechenden Bewegungen stellt die Spielleitung den „Wetterbericht" vor:

○ Leise beginnt der Regen, es tröpfelt und tröpfelt!
  Punktuell wird mit den Fingerkuppen die Körperrückseite berührt.
○ Der Regen wird stärker!
  Die Bewegungen werden schneller.
○ Ein Platzregen setzt ein!
  Mit den ganzen Handflächen wird der Körper behutsam abgeklatscht.

- ○ Es beginnt zu hageln!
  Mit geballten Fäusten werden vorsichtige Klopfbewegungen auf dem Körper ausgeführt.
- ○ Der Wind nimmt zu!
  Mit den Handflächen hin und herstreifen.
- ○ Blitze zucken am Himmel!
  Mit den Zeigefingern lauter wilde Blitze auf dem Körper zeichnen.
- ○ Es donnert!
  Wieder mit den geballten Fäusten Klopfbewegungen machen.
- ○ Langsam hört es auf zu regnen, der Regen läuft ab!
  Mit den gespreitzten Fingern von der Körpermitte nach außen streichen.
- ○ Die Sonne kommt durch!
  Die gespreitzten Hände an verschiedene Körperstellen legen und solange liegen lassen, bis beide SpielerInnen deutlich „Wärme" spüren.
  PartnerInnentausch.

Variante:

Diese Übung kann auch im Sitzen durchgeführt werden.

Bemerkung:

Wichtig ist, dass die SpielerInnen bei dieser Übung behutsam miteinander umgehen. Die Übung hat sich auch als aktive „Gute-Nacht-Geschichte" bewährt.

Zaubershampoo

Spielart: Selbst- und Ruhewahrnehmung
Material: -
Anzahl: ab 2 SpielerInnen
Alter: ab 3 Jahren
Dauer: 5-10 Min.

Je zwei SpielerInnen bilden Paare und setzen sich auf den Boden oder mit ihren Stühlen hintereinander. Die hintere Person verteilt ein unsichtbares Zaubershampoo auf dem Kopf und Nacken des Partners. Mit diesem Shampoo wäscht sie behutsam den Kopf und Nacken des Partners ohne eine Stelle auszulassen.
Rollenwechsel.

Bemerkung:

Es ist wichtig darauf hinzuweisen, dass der Kopf und Nacken des Partners ganz vorsichtig mit allen Fingerkuppen und langsamen Bewegungen gewaschen werden soll.

Katzentag

Spielart: Selbst- und Ruhewahrnehmung
Materialien: -
Anzahl: ab 1 SpielerIn
Alter: ab 3 Jahren
Dauer: ca. 15-20 Min.

Die SpielerInnen legen sich bäuchlings auf den Boden. Der Kopf wird seitlich abgelegt, die Hände ruhen neben dem Körper.

Die Spielleitung erzählt die Geschichte einer Katze und alle sind eingeladen die Geschichte mitzuspielen:

Die Katze liegt friedlich auf dem Boden und schläft. Sie atmet leise und manchmal schnurrt sie ein wenig. In der Nähe kräht ein Hahn. Dieses Geräusch weckt die Katze. Langsam öffnet sie die Augen, hebt den Kopf ein wenig, schaut nach rechts und links. Sie räkelt sich in alle Richtungen, schüttelt den Schlaf ab und stellt sich auf ihre vier Pfoten. Jetzt macht sie einen ganz runden Katzenbuckel und dann wieder einen flachen Rücken.

Diese Bewegung wiederholt sie mehrmals, weil es solch ein Spaß macht. Nun geht die Katze auf Mäusejagd.

Sie schleicht auf allen Vieren umher, schaut aufmerksam in alle Ecken und schnurrt und faucht ein wenig, weil keine Maus zu sehen ist. Da entdeckt sie plötzlich eine Schale Futter, von den Menschenfreunden hingestellt. Mit ihrer Zunge schlabbert sie das Fressen in sich hinein, putzt sich mit den Vorderpfoten ihren Katzenbart sauber und schleicht so satt zu ihrem Schlafplatz zurück.

Zufrieden räkelnd legt sie sich zum Schlafe auf den Boden. Ganz ruhig ist der Atem.

Langsam werden aus den kleinen satten Katzen wieder Menschen, die sich räkeln, strecken und aufstehen.

Varianten:

Es können noch weitere Katzenbewegungen und Gangarten (z.B. die Katze macht einen Ausflug balanciert auf 3 Pfoten, die Katze versteckt sich, rollt sich zusammen etc.) in die Geschichte eingeflochten werden.

Bemerkung:

Der Katzentag ist eine Spielgeschichte, die beruhigende Elemente enthält. Die Bewegungen können helfen, kleine Anspannungen zu lösen. Die meisten lieben Katzen, so können sie sich gut in die Bewegungen hineinversetzen.

Wichtig ist es, ausreichend Zeit für das Hineinversetzen in die Rolle und für die Ausführung der einzelnen Phasen zu lassen.

Stille-Zauberer

Spielart: Selbst- und Ruhewahrnehmung
Material: ruhige Musik
Anzahl: ab 1 SpielerIn
Alter: ab 3 Jahren
Dauer: 5 -10 Min.

Alle SpielerInnen gehen zu einer Musik im Raum umher. Dabei schütteln sie die Beine aus, kreisen mit den Armen, Kopf und Schultern. Bei Musikstop werden alle vom „Stille-Zauber" befallen: sie bleiben verzaubert wie Säulen stehen. Sie spannen alle Muskeln an: von den Zehenspitzen, über die Waden, Oberschenkel, Gesäß, Bauch und Rücken, Schultern, Arme bis zum Gesicht.

Die Spielleitung als „Stille-Zauberer" beginnt nun die SpielerInnen zu entzaubern. Behutsam die Füße, Beine etc. abklopfend befreit sie den Ersten von der Starre. Der so Entzauberte hilft jetzt mit, die anderen zu entzaubern, bis sich alle wieder bewegen können und es von vorne losgehen kann.

Bemerkung:

Dieses Spiel hat einen An- und Entspannungscharaker, der den ganzen Körper betrifft. Ohne viel Vorbereitung kann das Spiel auch im Sitzen (Schulklasse) durchgeführt werden. Die Polaritäten der An- und Entspannung, Bewegung und Ruhe werden durch diese Übung angesprochen, was die Ausgeglichenheit und Konzentration positiv beeinflussen kann.

Goldstaub

Spielart: Selbst- und Ruhewahrnehmung
Materialien: -
Anzahl: ab 1 SpielerIn
Alter: ab 4 Jahren
Dauer: 10-15 Min.

Alle SpielerInnen suchen sich einen ausreichend großen Platz im Raum.

Die Spielleitung erzählt, dass gerade feiner Goldstaub wie Regen auf alle herabgefallen ist.

Stehend, mit leicht gespreizten Beinen, beginnen nun die SpielerInnen leicht auf der Stelle hüpfend den feinen Goldstaub, der im Schlaf über sie gekommen ist, abzuschütteln.

Nach dem Hüpfen sollen alle zunächst die Hände immer schneller werdend ausschütteln. Dann werden die Arme und Schultern in die Schüttelbewegung miteinbezogen.

Es wird solange geschüttelt, bis der feine Goldstaub verschwunden ist und eine leichte Erwärmung und ein Kribbeln spürbar wird.

Nun wird zunächst das eine, dann das andere Bein ausgeschüttelt. Mit vorsichtigen Klopfbewegungen wird der Kopf, Nacken anschließend der ganze weitere Körper von dem feinen Goldstaub freigeklopft.

Nun, vom Goldstaub befreit, legen sich alle behutsam auf den Boden, umfassen mit ihren Händen die Knie und schaukeln hin und her. Langsam lösen sich alle aus dieser Haltung und ruhen sich noch kurz in der Rückenlage bei geschlossenen Augen aus.

Anschließend die Augen öffnen, sich recken und strecken und langsam aufstehen.

Bemerkung:
Eine einfache Ruhe- und Entspannungsübung, die schnell ohne Vorbereitung durchgeführt werden kann. Durch die Abwechslung der Bewegungs- und Entspannungselemente kann für den Alltag eine neue Ausgeglichenheit und Konzentration gewonnen werden.

Blumentraum

Spielart: *Selbst- und Ruhewahrnehmung*
Materialien: *-*
Anzahl: *ab 1 SpielerIn*
Alter: *ab 3 Jahren*
Dauer: *ca. 10 Min.*

Alle SpielerInnen versammeln sich in einem Kreis und knien sich hin. Um sich klein zu machen, legen sie den Kopf vor die Knie und die Arme seitlich an den Körper. In dieser Haltung verharrend kann Stille einkehren. Die Augen werden geschlossen.

Mit ruhiger Stimme sagt die Spielleitung:

Ich erzähle euch die Geschichte eines Blumensamens, wenn ihr wollt, könnt ihr diese Geschichte spielen:

- Der Blumensamen liegt in der Erde. Den ganzen Winter über hat er sich in der Erde ausgeruht. Jetzt aber ist der eisig kalte Winter vorbei. Alle Blumensamen haben Kräfte gesammelt, um im Frühling in vielen bunten Farben zu blühen.
  Die Samen spüren die ersten Sonnenstrahlen.
  die Spielleitung geht umher und streicht allen ganz sanft über den Rücken
- Die Samenhüllen springen auf, die Blumen beginnen zu wachsen und schauen langsam und vorsichtig aus der Erde. Weil die Sonne so schön und warm scheint, wachsen sie weiter, werden langsam immer größer und größer.
  Die SpielerInnen werden, wenn sie es noch nicht von allein tun, eingeladen, sich ganz langsam zu bewegen, zu wachsen und immer größer zu werden.
- Die Sonne wird immer wärmer, so dass alle Blumen zu ihrer vollen Größe wachsen und ihre Blüten entwickeln können.
  Die Blumen sind stolz auf ihre Schönheit, schauen sich die anderen Blumen an.
  Alle SpielerInnen halten die Arme als Blüte neben die Köpfe und schauen so nach rechts und links.
- Nach einer Weile ist die Blütezeit zu Ende.
  Alle „Blumen" sehen sich noch einmal an, lassen ihre Blätter fallen und beginnen ganz langsam zu welken, bis sie sich als Samen in der Erde wieder finden.
  Die SpielerInnen lassen die Arme fallen, den Kopf hängen und begeben sich ganz langsam in die Ausgangsstellung zurück.
- Eine kleine Weile verharren alle so.
  Die Spielleitung beendet die Spielgeschichte indem sie alle auffordert, sich abschließend auszuschütteln und sich zu recken und zu strecken.

Varianten:

Die Übung kann auch als „Baumübung" etc. durchgeführt werden, je nach Jahreszeit und Lust.

Anschließend kann zum Malen oder Töpfern eingeladen werden, um die Eindrücke auf eine andere Weise auszudrücken.

Bemerkung:

Eine einfache Ruhe- und Entspannungsübung, die Kinder (und Erwachsene) gerne durchführen, da sie das Ruheelement mit kleinen Bewegungen vereint.

Wichtig ist es, auf den Zeitrhythmus der Kinder zu achten, ihnen ausreichend Raum zur Entwicklung zu lassen, sie aber nicht mit zu langen Ruhephasen zu überfordern.

Marienkäfer

Spielart: *Selbst- und Ruhewahrnehmung*
Materialien: *-*
Anzahl: *ab 2 SpielerInnen*
Alter: *ab 2 Jahren*
Dauer: *5-10 Min.*

Je zwei SpielerInnen bilden Paare. Es kann hifreich sein, wenn sie ein wenig miteinander vertraut sind. Ein Partner stellt sich vor den anderen und schließt die Augen.

Der hintere Spieler wird aufgefordert ein kleiner Marienkäfer zu sein und so mit der Zeigefingerkuppe über den Körper des Partners zu krabbeln:

Langsam und behutsam krabbelt der Glückskäfer zunächst an einem Bein hoch, dann am anderen. Nun sucht er sich einen Weg über Po, Rücken, Nacken, Arme, Hals, Brust, Bauch - so wie er möchte und wie es für den anderen angenehm erscheint.

Der Marienkäfer ist ein sehr lieber Käfer. Er möchte nur ein wenig krabbeln und kitzeln, aber nicht ärgern.

Der Partner summt leise, solange es angenehm ist. Ist es unangenehm, hört er auf zu summen und der Käfer muss sich einen anderen Weg suchen.

Nach einer Weile tauschen die Partner ihre Rollen.

Variante:

Wenn der Raum es zulässt, kann diese Übung auch im Liegen durchgeführt werden.

Bemerkung:

Bei eher fremden Personen und älteren Kindern empfiehlt es sich, wegen des Intimbereichs, den Glückskäfer nur über den rückwärtigen Körper krabbeln zu lassen.

Bei dieser Ruhe- und Wahrnehmungsübung kommen die Polaritäten der Selbst- und Fremdwahrnehmung, des Gebens und Nehmens auf spielerische Weise zur Geltung. Jeder kann spüren, wie es ist, behutsam selbst zu lenken, zu geben, aber auch machen zu lassen und zu nehmen. Eine wichtige Lebenserfahrung die in einer Übung erlebt und gefestigt werden kann.

Zauberkugeln

Spielart: Selbst- und Ruhewahrnehmung
Materialien: pro Paar ein Tennisball
Anzahl: ab 2 SpielerInnen
Alter: ab 5 Jahren
Dauer: ca. 10 Min.

Zwei SpielerInnen finden sich zusammen. Je nach Möglichkeit wird die Übung im Liegen oder Stehen durchgeführt.

Zunächst wird ein Partner aufgefordert, sich ganz kräftig anzuspannen, sich „hart" zu machen, hart wie ein Stein. Der andere hat nun die Aufgabe diesen harten „Menschenstein" mit einer Zauberkugel (Tennisball) wieder zu einem beweglichen, weichen Menschen zu massieren. Behutsam massierend wird die Zauberkugel mit kleinen kreisenden Bewegungen über den ganzen Körper bewegt. So mit der Zauberkugel massiert, wird der versteinerte Mensch wieder beweglich und freundlich.

Rollenwechsel.

Bemerkung:

Die Körpermassage mit dem Tennisball wirkt auf einfache Weise entspannend. Durch die vorherige Anspannung und die folgende Entspannung können Verspannungen und Blockaden gelöst und die natürliche Beweglichkeit und Konzentrationfähigkeit wieder hergestellt werden.

Blindspaziergang

Spielart: Selbst- und Ruhewahrnehmung
Materialien: ggf. Augenbinden, ruhige Musik
Anzahl: ab 2 SpielerInnen
Alter: ab 5 Jahren
Dauer: ca. 10-15 Min.

Alle SpielerInnen werden eingeladen sich einen Partner des Vertrauens zu suchen. Die Paare stellen sich mit dem Gesicht zueinander hin und fassen sich bei den Händen. Einer schließt die Augen. Zu leiser Hintergrundmusik führt der Sehende seinen Partner vorsichtig durch den Raum. Alle sind aufgefordert langsam zu gehen und auf den Partner zu achten. Nach einer Weile werden nur noch die Handflächen der Beiden voreinander gelegt und so weitergeführt. Der nächste Schritt ist das Führen über die Fingerkuppen der Zeigefinger. Ist genügend Ruhe und Vertrauen da, kann nur mit der Berührung eines Zeigefingers oder ganz ohne Berührung geführt werden.

Ist jemand unsicher oder bekommt „Angst", so darf jederzeit geblinzelt werden.

Vor dem Rollentausch eine kleine Orientierungspause für den „Blinden" anbieten.

Bemerkung:

Diese Ruheübung erfordert ein hohes Maß an Einfühlungsvermögen und Vertrauen. Bei ungeübten GruppenteilnehmerInnen vielleicht zunächst nur die ersten beiden Führungsvarianten wählen, damit es nicht zu Überforderungen kommt.

Bierdeckel legen

Spielart: *Selbst- und Ruhewahrnehmung*
Materialien: *ca. 5 Bierdeckel je Person, ggf. Matten, Decken*
Anzahl: *ab 2 SpielerInnen*
Alter: *ab 5 Jahren*
Dauer: *10-15 Min.*

Je zwei relativ vertraute SpielerInnen finden sich zu Paaren zusammen. Der Raum sollte mit Teppichboden ausgelegt sein oder Matten/Decken zur Verfügung stehen.

Einer der beiden legt sich bäuchlings auf den Boden. Die Augen werden geschlossen, der Kopf ruht auf den Handflächen oder auf dem Boden, wie es dem Einzelnen angenehm erscheint.

Der zweite Partner hat ca. 10 Bierdeckel. Er kniet sich neben den Liegenden und beginnt zunächst die Rückseite des Liegenden zu „wecken": behutsam streicht er mit kleinen kreisenden Bewegungen der Handflächen über die Körperrückseite.

Nun werden beliebig viele Bierdeckel auf dem Körper des Partners verteilt. Ist dieses beendet, macht der Partner es durch einen kleinen Druck an einer Schulter deutlich.

Der Liegende wird vorher aufgefordert, sich auf seinen Körper zu konzentrieren und sich möglichst genau zu merken, wie viele Bierdeckel gelegt wurden. Nach dem Schulterzeichen nennt der Liegende leise die Zahl der gespürten Bierdeckel. Der kniende Partner antwortet, indem er auf den je gelegten Bierdeckel an der entsprechenden Position so kräftig drückt, dass der Liegende eine klare Wahrnehmung hat.

Alle Bierdeckel werden abgenommen. Mehrere Wiederholungen sind möglich, bevor es zum Rollentausch kommt.

Spiele und Übungen zum Abbau von Unruhe

Roboter

Spielart: *Bewegungsspiel*
Materialien: *-*
Anzahl: *ab 6 SpielerInnen*
Alter: *ab 5 Jahren*
Dauer: *10-15 Min.*

Je zwei SpielerInnen finden sich zusammen und stellen sich hintereinander. Der vordere Partner ist der „Roboter" und kann sich nur auf Anweisungen des Partners bewegen. Durch spezifische Berührungen gibt dieser die Bewegung an:
- Die Hand auf dem Rücken bedeutet: *"geradeaus gehen"*
- Die Hand auf dem Kopf bedeutet: *"Stopp!"*
- Die Hand auf der rechten Schulter bedeutet: *"rechts abbiegen"*
- Die Hand auf der linken Schulter bedeutet: *"links abbiegen"*.

Zunächst wird diese Übung mit geöffneten Augen durchgeführt. Ist ausreichend Vertrauen vorhanden, können die Augen geschlossen werden.

Die Führenden sind aufgefordert, genau aufzupassen, da die Roboter nur auf Befehle reagieren.

Rollenwechsel.

Bemerkung:

In dieser Übung vereinen sich Bewegung und Konzentration, was vielfach als angenehme Entspannung, Ablenkung empfunden wird. Auch kann der behutsame vertrauensvolle Umgang mit dieser Übung spielerisch geübt werden.

Elektrische Leitung

Spielart: *Bewegungsspiel*
Materialien: *-*
Anzahl: *10-80 SpielerInnen*
Alter: *ab 5 Jahren*
Dauer: *10-15 Min.*

Die SpielerInnen sitzen in einem offenen Stuhlkreis und fassen sich an den Händen. Ein Spieler wird zum Raten nach draußen gebeten, sein Stuhl aus dem Kreis entfernt. Die im Kreis Sitzenden sind die „Elektrische Leitung", die permanent summt, da Strom fließt. An einer Handverbindung, die Stelle wurde von der Gruppe ausgewählt, ist die Stromleitung „defekt". Die ratende Person wird jetzt in den Raum gebeten. Sie soll durch Berühren der Handverbindung und klares Fragen, „Ist es hier?", die defekte Stelle ausfindig machen. Alle Mitspielenden summen und je näher der Rater in die gefährliche Zone kommt, desto lauter wird das Summen. Findet der Rater die defekte Stelle, rufen alle ganz laut „Peng", die elektrische Leitung bricht auseinander, alle suchen sich einen neuen Platz, auch der Rater.

Die Person, die keinen Platz bekommt, ist der nächste Rater.

Bemerkung:

Ein sehr lebendiges und dynamisches Bewegungsspiel, welches durch die An- und Entspannung dazu beiträgt, überschüssige Energien auf einfache Weise abzureagieren.

Bewegungswürfel

Spielart: *Bewegungsspiel*
Materialien: *Schaumstoff- oder Pappwürfel, Tesakrepp, Stift*
Anzahl: *ab 5 SpielerInnen*
Alter: *ab 3 Jahren*
Dauer: *10-15 Min.*

Materialvorbereitung: Ein großer Schaumstoffwürfel (oder gebastelter Pappwürfel) wird auf allen Flächen mit Zetteln beklebt. Auf den Zetteln stehen Bewegungsvorschläge, z. B.:

5 x Hampelmann
10 Kniebeugen
3 Rumpfbeugen
20 x auf der Stelle hüpfen
Armkreisen vorwärts
Armkreisen rückwärts
Kopfkreisen

Die Gruppe kann sich aber auch auf einen Zahlenwürfel einigen und zu jeder Zahl eine Bewegung festlegen.

Die Bewegungen können vielfach erweitert oder verändert werden, je nach Gruppe und Lust.

Die Mitspielenden sitzen oder stehen im Kreis. Reihum wird nun gewürfelt und alle im Kreis führen die gewürfelte Bewegung aus. Solange die Gruppe ein Bewegungsbedürfnis hat und noch über Varianten und Bewegungsideen verfügt, kann weitergespielt werden.

Bemerkung:

Ein einfaches Bewegungsspiel, wobei der Würfel nur eine unterstützende Funktion hat. Es geht darum, dem Bewegungsbedürfnis zu entsprechen, überschüssige oder gestaute Energien abzubauen.

Dirigentenraten

Spielart: *Bewegungsspiel*
Material: *-*
Anzahl: *ab 10 SpielerInnen*
Alter: *ab 5 Jahren*
Dauer: *ca. 10-15 Min.*

Alle SpielerInnen sitzen oder stehen in einem offenen Kreis. Ein Spieler geht als Rater aus dem Raum. Bevor er wieder hereingeholt wird, bestimmen die im Raum verbliebenen Spieler einen Dirigenten für ihr Orchester. Dieser macht nun eine Spielbewegung vor, die alle solange nachmachen, bis der Dirigent eine neue Spielbewegung vorgibt, die dann wieder von allen nachgemacht wird.

Der Dirigent kann jede Bewegung vormachen, die ihm Spaß macht, z.B. Querflötespielen, Triangelspielen, Klatschen, Schnipsen, Schnalzen, Klavierspielen, Trompeten, Aufstehen, Kniebeugen machen etc.

In der Mitte des Raumes stehend versucht der Rater nun, den Dirigenten, der die Bewegungen vorgibt, herauszubekommen. Der Dirigent sollte häufiger seine Spielbewegungen wechseln, damit der Rater eine Chance hat.

Wurde der Dirigent entdeckt, wird er als neuer Rater gebeten, den Raum zu verlassen.

Eine neue Runde beginnt.

Bemerkung:

Damit das Raten nicht zu einfach wird, sollte die Gruppe bereits aktiv die erste Bewegung ausführen, bevor der Rater hereingeholt wird. Wenn das Raten schwer fällt, kann das Orchester aufgefordert werden, besonders auffällig zu agieren.

Steinzeit

Spielart: *Bewegungsspiel*
Materialien: *kleine Steine (je 1 Stein für 4 Pers.), Musik*
Anzahl: *ab 6 SpielerInnen*
Alter: *ab 5 Jahren*
Dauer: *ca. 10 Min.*

Die SpielerInnen gehen zu Musik im Raum umher. Jeder 4. Spieler bekommt einen kleinen Stein. Die Steine werden solange schnell weitergegeben, bis die Musik stoppt. Stoppt die Musik (von der Spielleitung vorgegeben), sind diejenigen „versteinert", die einen Stein in der Hand halten. Sie bleiben erstarrt stehen. Sofort eilen Mitspieler herbei, um die „Versteinerten" aus ihrer Starre zu befreien:

Mit den Händen klopfen sie behutsam den Körper wieder wach.

Sind alle wieder beweglich, startet die Spielleitung erneut die Musik. Die Steine werden bis zum nächsten Musikstop weitergereicht.

Es können auch andere Bewegungsarten von der Spielleitung vorgeschlagen werden: z.B. hüpfen, nur auf dem rechten bzw. linken Bein hinken, schleichen wie ein Löwe, gehen wie ein 100-Jähriger.

Gordischer Knoten

Spielart: *Bewegungsspiel*
Materialien: *-*
Anzahl: *10 -20 SpielerInnen*
Alter: *ab 7 Jahren*
Dauer: *ca.10 Min.*

Aus einem Stehkreis gehen alle SpielerInnen mit hochgestreckten Armen in die Mitte. Dort sucht sich jede Hand eine andere und fasst sie an. Aus diesem verwirrten Knoten soll nun wieder ein Stehkreis entstehen.

Alle versuchen jetzt diesen Knoten zu entwirren und ohne die Hände loszulassen wieder einen Stehkreis zu bilden. Meistens gelingt es nach einiger Zeit!

Auf Wunsch erneute Versuche.

Bemerkung:

Ein einfaches Bewegungsspiel, welches ohne große Vorbereitung jederzeit gespielt werden kann. Es ist wichtig darauf hinzuweisen, dass der Knoten kooperativ gelöst werden und niemand zu sehr eingeengt werden soll.

Wahrnehmung der Sinne

Übungen und Spiele zur Sinneswahrnehmung: Sehen

Farben und Formen

Spielart: Wahrnehmungsbereich Sehen
Materialien: runde und eckige Bierdeckel, Farbe, Abdecktuch
Anzahl: ab 2 SpielerInnen
Alter: ab 5 Jahren
Dauer: ca. 10 Min.

Materialvorbereitung:

Die Bierdeckel - 3 je Form - werden in den Grundfarben blau, gelb, rot und grün angemalt.

Es bilden sich Paare. Ein Partner wird aufgefordert, zunächst mit etwa 3-4 farbigen Bierdeckeln eine Form zu legen. Die zweite Person schaut sich aufmerksam die gelegte Form an und merkt sich die Farbkonstellation. Dann wird die gelegte Form abgedeckt. Anschließend versucht die zweite Person die farbige Bierdeckelfigur nachzulegen. Zur Kontrolle wird dann das Tuch wieder entfernt.

Es können immer wieder neue Farb- und Formvarianten gewählt werden.

Rollentausch

Varianten:

Dieses Wahrnehmungslegespiel kann natürlich auch mit vielen anderen Materialien (Korken, Haushaltsgegenständen, bunten Fäden etc.) durchgeführt werden.

Bemerkung:

Obgleich es zunächst leicht erscheint, fordert dieses Legespiel viel Konzentration, macht aber auch Spaß, da der Schwierigkeitsgrad durch die Farben- und Formenvielfalt variantenreich gestaltet werden kann.

Seh-Kim

Spielart: *Wahrnehmungsbereich Sehen*
Materialien: *viele kleine Alltagsmaterialien*
Anzahl: *ab 6 SpielerInnen*
Alter: *ab 4 Jahren*
Dauer: *ca. 10 Min.*

Die SpielerInnen sitzen in einem Kreis. In der Mitte liegen viele kleine Alltagsmaterialien, z.B. Kuli, Radiergummi, Feuerzeug, Kamm, Streicholzschachtel, Glasmurmel, Bleistift, Lippenstift, Stein, Klebestift, Maßband, Lineal, Taschenlampe, Brille, Pinsel, Korken, Bierdeckel, Flaschenöffner ...).
Alle prägen sich die Materialien ein. Bei der Anweisung „Augen zu" schließen alle die Augen. Jetzt entfernt ein vorher Ausgewählter einen Gegenstand und hält ihn versteckt. Bei der Anweisung „Augen auf" versuchen alle schnell herauszubekommen, welcher Gegenstand fehlt. Derjenige, der zuerst den fehlenden Gegenstand bemerkt, darf in der nächsten Runde einen Gegenstand entfernen.

Variante:

Alle versuchen sich die Alltagsgegenstände (s.o.) einzuprägen, dann werden diese abgedeckt. Daraufhin nennen die SpielerInnen die Gegenstände, die sie sich merken konnten.

Ich sehe was, was du nicht siehst

Spielart: Wahrnehmungsbereich Sehen
Materialien: -
Anzahl: ab 2 SpielerInnen
Alter: ab 4 Jahren
Dauer: ca. 15 Min.

Dieses Spiel ist an jedem beliebigen Ort durchzuführen, im Wohnzimmer, Kinderzimmer, Schule, Zug, Auto etc.

Ein Spieler bestimmt für sich einen Gegenstand des Ortes, den die anderen erraten sollen. Zu Beginn der Raterunde gibt er einen kleinen Hinweis, z.B. sagt er: „Ich sehe was, was du nicht siehst und das ist weiß."

Jetzt beginnt reihum durch Nachfragen der MitspielerInnen das Raten. Alle Fragen dürfen nur mit ja oder nein beantwortet werden.

Nach jeder Runde wird solange ein weiteres Merkmal des Gegenstandes benannt, bis es erraten wurde.

Der erfolgreiche Rater darf den nächsten zu ratenden Gegenstand auswählen.

Bemerkung:

Natürlich dürfen immer nur solche Gegenstände ausgewählt werden, die für alle sichtbar sind. Wenn eine Raterunde zu lange dauert, werden die Ratehinweise „auffälliger" formuliert.

Spiegelpantomime

Spielart: *Wahrnehmungsbereich Sehen*
Materialien: *-*
Anzahl: *ab 2 SpielerInnen*
Alter: *ab 4 Jahren*
Dauer: *ca. 10 Min.*

Die SpielerInnen bilden Paare und stellen sich mit dem Gesicht zueinander auf. Ein Partner bildet spielerisch den Spiegel für den anderen.

So beginnt er mit einer bekannten Tätigkeit: z.B. morgendliches Waschen, Zähneputzen, Schminken, Rasieren oder Frisieren. Die Bewegungen sind langsam und deutlich auszuführen.

Der „Spiegel" macht spiegelverkehrt alle Bewegungen nach, es darf nicht gesprochen werden!

Kurze Pause, kleiner Austausch, Rollenwechsel.

Bemerkung:

In diesem Wahrnehmungsspiel wird die genaue Bewegung, das genaue Hinsehen und sich auf den anderen Einstellen gefordert und gefördert. Es ist ein einfach einzusetzendes Spiel, welches keiner Vorbereitung bedarf und dennoch beruhigende, spaßbringende und konzentrierende Elemente beinhaltet.

Zublinzeln

Spielart: Wahrnehmungsbereich Sehen
Materialien: -
Anzahl: ab 11 SpielerInnen
Alter: ab 5 Jahren
Dauer: ca. 10 Min.

Zwei Stuhlreihen werden in etwa 3 m Abstand so aufgestellt, dass sich die SpielerInnen ansehen können. Die eine Hälfte der SpielerInnen setzt sich auf einen Stuhl, die andere Hälfte steht, mit den Händen auf dem Rücken, dahinter. Ein Stuhl bleibt frei. Derjenige der hinter dem freien Stuhl steht, muss sich nun durch „Augenzwinkern" einen der sitzenden Spieler auf den freien Stuhl herblinzeln. Der Auserwählte versucht dann ganz schnell den Platz zu wechseln. Wenn der hinter dem Stuhl Stehende merkt, dass sein Partner weggeblinzelt wird, muss er rechtzeitig seine Hände als „Stopp-Zeichen" auf die Schultern des Sitzenden legen. Bemerkt der „Wächter" das Zublinzeln also eher als der Sitzende und gibt er rechtzeitig das Stopp-Zeichen, dann darf der Sitzende nicht weglaufen. Ist der Sitzende in seiner Reaktion schneller, so kann er den Platz wechseln und das erneute „Zublinzeln" kann beginnen.

Variante:

Eine Variante des Zublinzelns ist das so genannte „Mörderspiel". Es werden so viele Zettel verteilt, wie SpielerInnen im Raum sind. Auf allen Zetteln ist ein Kreis gezeichnet, auf einem ein Kreuz. Wer den Zettel mit dem Kreuz gezogen hat, ist der „Mörder", der durch zublinzeln töten kann.

Alle gehen im Raum umher, der Mörder blinzelt jemanden an. Dieser schreit laut auf und fällt um. Hat ein anderer Mitspieler einen Verdacht, weil er z.B. das Zublinzeln beobachten konnte oder weil er denkt, dass sich jemand wie ein „Mörder" verhält, so sagt er: „Ich habe einen Verdacht!" Erst wenn zwei einen Verdacht haben wird er laut geäußert.

Haben sie mit ihrem Verdacht Recht gehabt und der „Mörder" wurde entlarvt, so beginnt eine neue Runde, haben sie Unrecht, müssen auch sie tot umfallen und das Spiel geht weiter.

Übungen und Spiele zur Sinneswahrnehmung: Riechen/Schmecken

Geruchsmemory

Spielart: Wahrnehmungsbereich Riechen
Material: leere Filmdosen, Geruchsmaterialien
Anzahl: ab 2 SpielerInnen
Alter: ab 4 Jahren
Dauer: ca. 5 Min.

Materialvorbereitung:

Je zwei leere Filmdosen werden mit den gleichen Geruchsmaterialien (Küchenpapier beträufelt mit Essig, Rosenöl, Eukalyptus, Kaffee, Rasierwasser, Vanille, Kräuter, Zwiebeln, Zitrone...) gefüllt.

In die Deckel werden kleine Geruchslöcher gepiekt oder die Dosen werden zum „schnüffeln" kurz geöffnet.

Spielbeschreibung:

Die SpielerInnen werden der Reihe nach aufgefordert, möglichst mit geschlossenen Augen, an den Dosen zu schnuppern, um die Duftpaare herauszufinden.

Schnüffelhunde

Spielart: Wahrnehmungsbereich Riechen
Material: leere Filmdosen, Riechmaterialien, Augenbinden
Anzahl: ab 2 SpielerInnen
Alter: ab 4 Jahren
Dauer: ca. 10 Min.

Materialvorbereitung:

Filmdosen werden mit Geruchsmaterialien (Küchenpapier beträufelt mit Essig, Rosenöl, Eukalyptus, Kaffee, Rasierwasser, Vanille, Kräuter, Zwiebeln, Zitrone ...) gefüllt. Entweder werden in die Deckel kleine Geruchslöcher gepiekt oder die Dosen werden zum „Schnüffeln" kurz geöffnet.

Spielbeschreibung:

Je zwei SpielerInnen bilden ein Paar. Ein Partner bekommt die Augen verbunden. Der Sehende erhält eine Schnüffeldose. Mit dieser Dose soll er jetzt seinen blinden „Schnüffelhund" ausschließlich über das „Riechen" durch den Raum führen.

Kinder oder auf Wunsch auch die Erwachsenen, können wie die Spürhunde auf allen vieren auf dem Boden kriechen.

Bemerkung:

Den SpielerInnen kann vorab erzählt werden, dass der Geruchssinn bei den Tieren eine große Bedeutung hat, er ist der Orientierungs- und vielfach schützender Überlebenssinn.

In dieser Übung wird der Geruchssinn als „Wegeorientierungssinn" angesprochen. Dieser hat heute bei der Vielzahl der Geruchseinwirkungen kaum noch eine Bedeutung. Dennoch kennen alle den Ausspruch „immer der Nase nach" oder „lass uns dort hingehen, da riecht es gut".

Duftsäckchen

Spielart: *Wahrnehmungsbereich Riechen*
Materialien: *Stoffreste, Gartenkräuter, Wollfäden*
Anzahl: *ab 2 SpielerInnen*
Alter: *ab 3 Jahren*
Dauer: *20 Min.*

Je nach Jahreszeit und Möglichkeit werden in Gärten verschiedene Kräuter z.B. Zitronenmelisse, Oregano, Pfefferminze, Lavendel ... in unterschiedlichen Gefäßen gesammelt, ggf. eingekauft.

Die SpielerInnen schneiden sich aus Stoffresten etwa 20 x 20 cm große Kreise aus. In die Mitte werden die Kräuter gelegt und das Säckchen oben mit einem Wollfaden zusammengebunden. Je nach Anzahl der zur Verfügung stehenden Geruchsmaterialien, können entsprechend viele unterschiedliche Geruchssäckchen hergestellt werden.

Bemerkung:

Zu den einzelnen Kräutern können Geschichten zur Wirkung der Düfte erzählt werden, so z.B., dass der Lavendel gegen Unruhe und Schlaflosigkeit hilft, Eukalyptus für die Atemwege befreiend wirkt.

Kindern machen solche Geruchssäckchen viel Freude. Sie lassen die Menschen ihrer Umgebung riechend „raten". So bekam eine sehr gereizte Mutter von ihrer Tochter ein Lavendelriechsäckchen auf die Nase gelegt, was natürlich die Situation gleich entspannte.

Die Kräuter müssen zur Geruchsaktivierung ggf. immer wieder einmal zwischen den Fingern gerieben werden.

Geruchsbilder

Spielart: Wahrnehmungsbereich Riechen
Materialien: Geruchsmaterialien, Malutensilien
Anzahl: ab 2 SpielerInnen
Alter: ab 5 Jahren
Dauer: ca. 20 Min.

Materialvorbereitung:

Unterschiedliche spezifische Geruchsmaterialien mit „Assoziationswerten": z.B. Babyöl, Lebkuchengewürz, Apfelsinen-, Zitronensaft, Rasierwasser, frisch geschnittenes Holz, Badezusatz, Sonnencreme, Kaffee.

Spielbeschreibung:

Die SpielerInnen schnuppern mit geschlossenen Augen schweigend an den Geruchsmaterialien, möglichst jeder an einem anderen. Anschließend werden die SpielerInnen aufgefordert, zu dem Geruch ein Bild zu malen.

Nach der Malphase zeigen sich alle gegenseitig die Bilder und die anderen sollen raten, welchen Geruch der Maler zum Riechen hatte.

Bemerkung:

In diesem Geruchwahrnehmungsspiel wird der Assoziationscharakter des Geruchs miteinbezogen, der gerade beim Riechen eine große Rolle spielt. Da die Erinnerungen sehr individuell sind, ist das Raten und das Erzählen der Assoziationsgeschichten besonders interessant. In dieser Übung werden die zwei Elemente des Ein- und Ausdrucks beachtet.

Leckerschmecker

Spielart: Wahrnehmungsbereich Schmecken
Materialien: a) 6 gleiche Gläser, Zucker, Salz- und Zitronenwasser, Löffelchen oder Strohhalme
b) Nahrungsmittel, Abdecktuch
Anzahl: ab 2 SpielerInnen
Alter: ab 5 Jahren

Materialvorbereitung:
a) In je zwei Gläser werden die gleichen Flüssigkeiten gefüllt. Zum Probieren werden Strohhalme bzw. Löffelchen bereit gelegt.
b) Kleine Geschmackshäppchen von Äpfeln, Gurken, Erdnüssen, Brot, Käse, Honig, Senf etc. werden vorbereitet und mit einem Tuch verdeckt.

Spielbeschreibung:
a) Die SpielerInnen werden aufgefordert, die vorbereiteten Flüssigkeiten zu probieren und herauszufinden, welche zwei Gläser mit derselben Flüssigkeit gefüllt sind. Diese sollen dann entsprechend zusammengestellt und der Geschmack benannt werden.

b) Mit verbundenen Augen werden so auch die einzelnen Nahrungsmittel probiert und benannt. Die Beschreibung des Geschmacks soll dabei möglichst differenziert erfolgen.

Bemerkung:

Bei diesen Übungen zur differenzierten Geschmackswahrnehmung geht es darum, sich auf die Nuancen des Geschmacks zu konzentrieren, sich von der oberflächlichen und einseitigen Geschmackswahrnehmung zu lösen. So schmeckt ein Fertigpudding oder Joghurt ggf. nicht nur nach Pudding oder Joghurt, nicht nur süß oder „geil", mitunter kann ein Fruchtgeschmack noch erkannt, wahrgenommen und benannt werden.

Übungen und Spiele zur Sinneswahrnehmung: Hören

Hör-Memory

Spielart: *Wahrnehmungsbereich Hören*
Materialien: *Gläser (Babynahrung), unterschiedliche Geräuschmaterialien (z.B. Kiesel, Nägel, trockene Erbsen, Wasser, Büroklammern, Murmeln, Knöpfe, Münzen, Pappe) Farbe*
Anzahl: *ab 1 SpielerIn*
Alter: *ab 4 Jahren*
Dauer: *ca. 5 Min. je Person*

Materialvorbereitung:

Die Gläser von außen so anmalen, dass der Inhalt nicht zu sehen ist. Je zwei Gläser mit dem selben Material füllen. Die Gläser gut „gemischt" in einer Reihe aufstellen.

Spielbeschreibung:

Nacheinander versuchen die SpielerInnen nun durch Schütteln und Horchen die je zwei gleichen Geräuschegläser zu erkennen und zu bestimmen. Um die Konzentration zu erhöhen, werden dabei die Augen geschlosssen. Wurde das Hör-Memory aufgelöst, werden die Gläser für einen erneuten Versuch wieder gemischt.

Wasserleitung

Spielart: *Wahrnehmungsbereich Hören*
Material: *Gläser oder Becher, Wasser, Tuch zum Augen verbinden*
Anzahl: *10-15 SpielerInnen*
Alter: *ab 5 Jahren*
Dauer: *10-15 Min.*

Im Sitzkreis haben alle SpielerInnen ein leeres Glas in der Hand, nur ein Glas wurde halb mit Wasser gefüllt. Einem Spieler werden die Augen verbunden. Um die Orientierung zu verlieren, dreht er sich einige Male um die eigene Achse und setzt sich dann in die Mitte des Kreises.

Die anderen SpielerInnen sind die „Wasserleitung". Das Wasser wird von Glas zu Glas vorsichtig und schnell weitergegossen. Der „blinde" Spieler in der Mitte soll nun heraushören, wo gerade das Wasser fließt. Meint er, die Stelle zu hören, gibt er dies durch ein klares Handzeichen an. Ist die Stelle richtig, geht der nächste Spieler zum Wasserhorchen in die Mitte.

Wenn es zu leicht erscheint, können auch zwei Becher halb voll mit Wasser gefüllt werden, an der überkreuzenden Stelle muss dann je ein Spieler übersprungen werden.

Bemerkung:

Falls es einem Spieler schwer fällt, die Richtung zu erhorchen, sollte ihm geholfen werden, ggf. immer die Möglichkeit zum Wechsel anbieten.

Dieses Wahrnehmungsspiel ist besonders geeignet, die Konzentrationsfähigkeit und das Richtungshören zu fördern.

Der beliebte Umgang mit dem Element Wasser und das angenehme Geräusch erhöhen die Spielfreude.

Liedgurgeln

Spielart: Wahrnehmungsbereich Hören
Material: Liedkärtchen, Gläser, Wasser, Tuch
Anzahl: ab 4 SpielerInnen
Alter: ab 5 Jahren
Dauer: 10 Min.

Materialvorbereitung:

Es werden 10-15 Anfänge bekannter Lieder auf Kärtchen geschrieben, z.B.: Alle meine Entchen, Alle Jahre wieder, Der Kuckuck und der Esel, Drei Chinesen mit dem Contrabass, Der Mond ist aufgegangen, Der Hahn ist tot, Es tönen die Lieder, Laterne, Laterne, Ein Vogel wollte Hochzeit machen ...

Spielbeschreibung:

In der Gruppe wird ein „Vorgurgler" bestimmt. Dieser liest das erste Liedkärtchen oder ihm wird der Titel genannt. Mit einem Schluck Wasser versucht er das Lied zu gurgeln. Die Gruppe wird zum Raten aufgefordert. Wer das Lied erraten hat, darf das nächste Lied vorgurgeln.
Natürlich ist es auch möglich, eigene Liedideen der Gruppe vorzugurgeln.

Stille Post

Spielart: Wahrnehmungsbereich Hören
Materialien: -
Anzahl: 8-20 SpielerInnen
Alter: ab 6 Jahren
Dauer: ca. 10. Min.

Die SpielerInnen sitzen in einem Kreis. Eine Person denkt sich ein möglichst langes Wort (einen Satz) aus und flüstert dieses dem Nachbarn zu. Reihum wird das Verstandene über eine „Flüsterkette" weitergegeben. Die letzte Person im Kreis teilt dann allen das gehörte Ergebnis mit. Jetzt wird das Ursprungswort verkündet und beide Worte verglichen. Meistens gibt es durch die „Flüsterkette" große Verständigungsschwierigkeiten und dadurch neue Wortschöpfungen.

Geräuschebilder

Spielart: Wahrnehmungsbereich Hören
Materialien: Zettel, Stifte
Anzahl: ab 3 SpielerInnen
Alter: ab 5 Jahren
Dauer: ca 30 Min.

Die SpielerInnen gehen mit Papier und Bleistift ausgestattet in die Natur (Umwelt). Als Ziel wird ein fester Ort gewählt, an dem spezifische Geräusche (Vogelstimmen, Zugverkehr, Straßenlärm, Kinderstimmen etc.) oder auch die Stille zu hören sind.

Mit geschlossenen Augen nehmen nun alle intensiv die Geräusche wahr.

Nach einer kleinen Weile werden sie gebeten - ohne zu sprechen - ein „Geräuschebild" zu malen.

Nach dem Malen zeigen sich dann alle gegenseitig ihre Bilder und tauschen ihre Eindrücke aus.

Telephonieren

Spielart: *Wahrnehmungsbereich Hören*
Materialien: *Papprollen (Küchenpapier, Postrollen etc.), Plastikrohrleitungen (Baustelle, -markt), buntes Papier, Klebstoff*
Anzahl: *ab 2 SpielerInnen*
Alter: *ab 3 Jahren*
Dauer: *5-10 Min.*

Telephonieren mit Papprollen: Die SpielerInnen gestalten ihre Hörrohre (Papprollen) mit buntem Papier.

Mit einem solchen Hörrohr gehen sie umher und „erforschen" die durch das Rohr verstärkte Hörwahrnehmung z.B. genaues Anhören des Kühlschranks, des Radios, des Hausflurs, des Bades, des Straßenlärms, Zeitungsraschen etc.

Anschließend können je zwei SpielerInnen zusammen gehen und sich gegenseitig „anrufen", d.h. durch die Rohre abwechselnd Botschaften senden und anhören.

Telephonieren mit Plastikrohrleitungen: Mit dem längeren Rohrtelephon können die selben Elemente wie oben beschrieben durchgeführt werden. Durch die größere Länge, empfiehlt es sich auch über zwei Räume zu telephonieren oder dem anderen kleine Reime und Gedichte zu erzählen.

Geschichtenschatz

Spielart: Wahrnehmungsbereich Hören
Materialien: -
Anzahl: ab 2 SpielerInnen
Alter: ab 4 Jahren
Dauer: 10-30 Min.

Die Spielgruppe richtet sich im Raum eine Ecke zum Geschichten erzählen ein. Ein Spieler darf zuerst drei Lieblingsworte sagen. Sodann denkt sich der „Geschichtenerzähler" eine Phantasiegeschichte aus, in der die drei Wörter vorkommen.

Anschließend nennt ein weiteres Gruppenmitglied drei Lieblingsworte. Je nach Lust und Alter, kann ein weiterer Spieler oder aber ein Erwachsener eine neue Geschichte erfinden.

Bemerkung:

Das Geschichten erzählen verarmt im Medienzeitalter. Kinder und Erwachsene mögen es aber nach wie vor, Geschichten zu hören und zu erfinden. So sollten wo und wann immer möglich, Geschichten erzählt und erfunden werden. Dieses fördert das Hinhören, die Phantasie und die Konzentration.

Übungen und Spiele zur Sinneswahrnehmung: Tasten

Tast-Kim

Spielart: Wahrnehmungsbereich Tasten
Materialien: Stoffbeutel oder Karton, Abdecktuch (Wolldecke), viele kleine Alltagsmaterialien z.B. Löffel, Stift, Feuerzeug, Locher, Murmel, Anspitzer, Korkenzieher, Korken, Watte, Lineal, Pinsel, Wolle etc)
Anzahl: ab 2 SpielerInnen
Alter: ab 4 Jahren
Dauer: 5 Min. je Übung

In einem Stoffbeutel (oder Karton mit Fühlloch) befinden sich die unterschiedlichsten Alltagmaterialien.

Die SpielerInnen greifen der Reihe nach mit einer Hand in den Stoffbeutel (oder in die Fühlbox), um die Materialien zu erfühlen und zu erraten. Zur Unterstützung der Wahrnehmung können die Augen geschlossen werden.

Variante:

Verschiedene Alltagmaterialien (s.o.) werden unter eine Decke gelegt.
Werden beide Wahrnehmungsübungen am selben Tag gespielt, so sollten unterschiedliche Materialien gewählt werden.

Die SpielerInnen warten vor der Tür, ziehen ihre Schuhe aus und werden einzeln zur Decke geführt. Auf dem Fußboden sitzend versuchen sie die Gegenstände nur mit den Füßen unter der Decke zu erfühlen und zu erkennen. Auch hier können zur Unterstützung der intensiveren Wahrnehmung die Augen geschlossen werden.

Fühlboxen

Spielart: Wahrnehmungsbereich Tasten
Materialien: 6-10 Kartons, Fühlmaterialien z.B. Styroporkugeln, Korken, Steine, Sand, Kastanien, Tannenzapfen, Muscheln, Moos, Heu.
Anzahl: ab 2 SpielerInnen
Alter: ab 4 Jahren
Dauer: ca. 10 Min.

Materialvorbereitung:

Die Kartons mit den unterschiedlichsten Materialien füllen und mit kleinen Fühllöchern ausstatten.

Spielbeschreibung:

Die Fühlboxen so aufstellen, dass die Fühlenden sie bequem der Reihe nach benutzen können. Die Augen werden geschlossen.

Nacheinander fassen die SpielerInnen in die Boxen. Sie sollen genau wahrnehmen, wie es sich in der Box anfühlt, ggf. den Eindruck benennen.

Bemerkung:

Nach der Übung kann die Gruppe noch ein Fühlbild zu den Eindrücken malen.

Formkneten

Spielart: *Wahrnehmungsbereich Tasten*
Material: *Knete*
Anzahl: *ab 2 SpielerInnen*
Alter: *ab 4 Jahren*
Dauer: *ca.10 Min.*

Materialvorbereitung:

Die Spielleitung formt mit Knete einfache Formen.

Spielbeschreibung:

Dem Spieler werden die Augen verbunden. Er erhält eine vorgeformte Knetfigur, die er ertastet und dann „blind" nachformt. Anschließend öffnet er die Augen und vergleicht das eigene Werk mit dem „Original".

Dieses Spiel kann auch als Partnerspiel durchgeführt werden, wechselseitig werden Knetfiguren vorgeformt, welche der andere dann nachzuformen versucht.

Wer ist der Kleinste?

Spielart: *Wahrnehmungsbereich Tasten*
Materialien: *Augenbinde*
Anzahl: *8-15 SpielerInnen*
Alter: *ab 5 Jahren*
Dauer: *ca.10 Min.*

Einem Spieler werden die Augen verbunden. Die anderen stellen sich beliebig in einer Reihe auf. Jetzt wird der blinde Spieler aufgefordert, die Mitspieler durch ertasten der Größe in eine Reihe zu stellen. Die kleinste Person soll vorne stehen.

Bemerkung:

Die Spielleitung sollte ggf. dem „blinden Sortierer" als Hilfestellung und zur Raumorientierung die Hand anbieten.

Fußpfad

Spielart: Wahrnehmungsbereich Tasten
Materialien: flache oben offene Kartons, Augenbinden, Fühlmaterialien unterschiedlichster Art (Kastanien, Sand, Steine, Kies, Styropor, Kühlkissen, Schwämme, Stroh, Schmiergelpapier, Zeitungsschnipsel, Tannenzapfen ...)
Anzahl: ab 2 SpielerInnen
Alter: ab 2 Jahren
Dauer: je Person 5 Min.

Materialvorbereitung:

Die möglichst flachen und gleichen Kartons werden mit je einem „Fühlmaterial" gefüllt. Die so gefüllten und offenen Kartons werden zu einem kleinen Fußpfad in einer Reihe aufgestellt, so dass ein problemloses Durchschreiten der Kästen möglich ist.

Spielgeschichte zum Einstieg:

In vielen warmen Ländern gehen die Menschen stets barfuß. Dort können sie noch sehr gut mit den Füßen fühlen.

So fragte eine Indianerin, die noch niemals in ihrem Leben Schuhe getragen hatte, als sie das erste Paar Schuhe anprobierte: Muss ich jetzt immer „Augenbinden" für die Füße tragen?

So sehr „sehen" und fühlen einige Menschen mit den Füßen, dass sie sich blind fühlen, wenn sie Schuhe tragen müssen. Wir können ja einmal ausprobieren, was unsere Füße noch „sehen" können.

Spielbeschreibung:

Die Gruppe soll den Fußpfad vorher nicht sehen. Alle gehen deshalb in einen Nebenraum oder Flur, ziehen die Strümpfe aus und schließen die Augen, ggf. mit Augenbinden. Nacheinander werden die SpielerInnen an der Hand des Spielleiters zum Fußpfad geführt. Ganz langsam betreten sie nun Karton für Karton, verweilen kurz mit beiden Füßen zur intensiven Wahrnehmung in einem Karton und gehen erst dann weiter.

Bemerkung:

Für den Fußpfad sollte genügend Zeit zur Verfügung stehen, da es während dieses ungewöhnlichen Fühlerlebnisses immer wieder zu sehr überraschenden Reaktionen (Ängsten, Orientierungslosigkeit, Blockaden...) bei Kindern wie Erwachsenen kommen kann. Bei Unwohlsein muss immer das Angebot des sofortigen Abbruchs gemacht werden. Wichtig ist die klare und sichere Führung durch die Hand des Begleiters.

Überraschungsschnur

Spielart: *Wahrnehmungsbereich Tasten*
Materialien: *lange Schnur, Augenbinden, Fühlmaterialien z.B. Spülbürste, Dose, Schwamm, Ast, Stroh, Tannenzapfen, Flasche, Plastikbecher, Haarbürste, Stein, Papier, Handfeger, Pinsel, Alufolie, Zollstock, Kartoffel, Styropor etc.*
Anzahl: *5-30 SpielerInnen*
Alter: *ab 5 Jahren*
Dauer: *je Person 10 Min.*

Materialvorbereitung:

An einer langen Schnur werden unterschiedlichste Alltagfühlmaterialien befestigt. Diese Schnur wird möglichst in einem Garten, Wald (möglicherweise auch in der Wohnung) zwischen Bäumen und Sträuchern aufgehängt. Niemand darf den Verlauf vorher sehen.

Spielbeschreibung:

Den SpielerInnen werden die Augen verbunden. Sie bilden einen „Tausendfüßler": Hintereinander stellen sie sich auf und legen ihre Hände auf die Schultern des Mitspielers.

Die Spielleitung führt den Tausendfüßler an. Es geht zunächst kreuz und quer durch das Gelände, um zum einen die räumliche Orientierung zu erschweren und zum anderen, die Konzentration auf das Kommende zu erhöhen.

An der Überraschungsschnur angekommen, stoppt der Tausendfüßler und ruft „Halt!". Die Spielleitung nimmt die Hände der ersten Person und führt diese zur Schnur. In ausreichendem Abstand werden alle SpielerInnen zur Schnur geführt. Die Spielenden tasten sich entlang der Schnur durch das Gelände und befühlen alle Materialien. Dies geschieht möglichst leise, konzentriert und ohne die anderen zu stören.

Bemerkung:

Der Gang an der Überraschungsschnur macht sehr viel Spaß, muss aber gut (s.o.) vorbereitet werden. Durch die blinde Orientierung im Gelände und durch das intensive Tasten ergibt sich eine neue Zeit- und Raumwahrnehmung.

Jedem das Seine

Spielart: *Wahrnehmungsbereich Tasten*
Materialien: *Alltagsgegenstände z.B. Korken, Kuli, Radiergummi, Anspitzer, Murmel, Schwamm, Stein, Feder, Pinsel, Stift, Lineal, Löffel.*
Anzahl: *8 - 40 SpielerInnen*
Alter: *ab 5 Jahren*
Dauer: *ca. 15 Min.*

Die SpielerInnen stehen oder sitzen in einem Kreis und halten die Hände auf den Rücken. Die Spielleitung legt nun jedem einen Alltagsgegenstand in die Hand. Jeder befühlt seinen Gegenstand und nimmt die Eigenschaften intensiv wahr. Nach einer Weile werden auf ein Zeichen der Spielleitung die Gegenstände reihum weiter gereicht. Es wird solange weiter gereicht, bis alle die Gegenstände einmal erfühlen konnten. Zur Intensivierung der Wahrnehmung können die Augen geschlossen werden.

Nach dieser Tastrunde werden alle aufgefordert, die Gegenstände, an die sie sich noch erinnern, zu malen oder zu benennen.

Variante:

Es werden immer je zwei gleiche Gegenstände verteilt. Die Spielenden gehen blind im Raum umher, ihren Gegenstand auf dem Rücken haltend. Wenn sich zwei begegnen, „begrüßen" diese sich, indem sie gegenseitig ihre Gegenstände ertasten. So versuchen alle „fühlend" ihren Partner zu finden. Haben sich die zwei gefunden, können sie die Augen öffnen und die anderen beobachten, bis sich alle Paare gefunden haben. Anschließend kann es eine neue Runde geben oder diese Übung wird genutzt, um eine andere Partnerübung anzuschließen.

Lieblingskartoffel

Spielart: *Wahrnehmungsbereich Tasten*
Materialien: *Kartoffeln (Muscheln, Steine, Kastanien)*
Anzahl: *ab 2 SpielerInnen*
Alter: *ab 5 Jahren*
Dauer: *5 Min. je Übung*

Auf einem Tablett liegen ca. 2o Kartoffeln (Muscheln, Steine, Kastanien). Die SpielerInnen werden aufgefordert sich eine Lieblingskartoffel herauszusuchen, diese genau zu erfühlen, ggf. auch anzuschauen. Nach der Erkundungsphase werden die Augen geschlossen. Die Kartoffel wird von der Spielleitung unter die anderen Kartoffeln „gemischt". Jetzt soll nur mit den Händen tastend die Lieblingskartoffel wieder gefunden werden.

Erneute Versuche sind möglich.

Bemerkung:

Es ist erstaunlich, wie schwer es ist, bekannte Gegenstände, die wir vielfach in den Händen halten, nur über das Tasten in ihren Eigenarten zu erspüren und wieder zu erkennen. Die Aufmerksamkeit für die alltägliche Wahrnehmung wird geweckt.

Formen fühlen

Spielart: Wahrnehmungsbereich Tasten
Materialien: kleine unterschiedliche Holzformen, ggf. Kuchenausstechformen, Augenbinden
Anzahl: ab 4 SpielerInnen
Alter: ab 4 Jahren
Dauer: ca. 15 Min.

Die SpielerInnen schließen die Augen, ggf. mit Augenbinden. Sie erhalten jeweils eine ausgesägte kleine Holzform, die sie intensiv und aufmerksam ertasten sollen. Wer glaubt sich die Form ausreichend eingeprägt zu haben, gibt die Form zurück, öffnet die Augen und versucht die soeben ertastete Form zu zeichnen.

Die Holzformen werden ausgelegt und jeder kann seine gemalte Form suchen und mit dem Original vergleichen.

Bemerkung:

Diese Spielübung fördert die Tastwahrnehmung und die Konzentration auf eine ganz spezifische Form. Bei dieser Übung kann spielerisch das Lebensphänomen erlebt werden, dass oftmals eben die individuelle Wahrnehmung nicht mit der Realität übereinstimmt.

Kronkorkenbilder

Spielart: *Wahrnehmungsbereich Tasten*
Materialien: *Kronkorken, ggf. Augenbinden.*
Anzahl: *ab 2 SpielerInnen*
Alter: *ab 5 Jahren*
Dauer: *ca. 15 Min.*

Es werden Paare gebildet, ein Partner schließt die Augen ggf. mit Augenbinden. Der Sehende legt zunächst mit etwa 7-10 Kronkorken eine Form. Der „blinde" Partner versucht diese Form zu ertasten und nachzulegen. Ist er fertig, öffnet er die Augen und vergleicht die beiden Formen.

Anschließend werden die Rollen getauscht.

Der Schwierigkeitsgrad kann durch die Anzahl der Kronkorken und durch die unterschiedliche Wahl der Ober- und Unterseiten variiert werden.

Bemerkung:

Dieses Wahrnehmungstastspiel fordert eine erhöhte Konzentration. Die Anforderung kann aber je nach Alter und Lust von den Spielenden stufenweise selbst bestimmt werden.

Fühl-Memory

Spielart: *Wahrnehmungsbereich Tasten*
Materialien: *Bierdeckel, Farbe, Schmiergelpapier, Kleber, Augenbinden, ggf. Eier-/Stoppuhr*
Anzahl: *ab 2 SpielerInnen*
Alter: *ab 5 Jahren*
Dauer: *ca. 15 Min.*

Materialvorbereitung:

Bierdeckel mit grüner oder schwarzer Farbe beidseitig anmalen, ggf. lackieren. Dann aus Schmiergelpapier immer zwei (oder vier) gleiche Formen (Kreise, Quadrate, Blöcke, Streifen, Phantasieformen etc.) zuschneiden und auf die Bierdeckel kleben.

Spielbeschreibung:

Die SpielerInnen verbinden sich die Augen. Die Spielleitung legt die beklebten Bierdeckel (Anzahl je nach Alter und Können) mit der beklebten Tastfläche nach oben in einem Rechteck aus.

In der ersten Übungsphase ertasten sich die SpielerInnen je zwei gleiche Formen.

In der zweiten Phase kann dieses Ertasten im „Wettbewerb" erfolgen. Mit Hilfe einer Eieruhr/Stoppuhr, darf jeder nur eine begrenzte Zeit tasten. Bei „Stopp" ist der Nächste an der Reihe. Am Ende ist „TastkönigIn", wer die meisten Paare gefunden hat.

Übungen und Spiele zur Sinneswahrnehmung: Gleichgewicht

Löffel legen

Spielart: *Wahrnehmungsbereich Gleichgewicht*
Material: *viele große und kleine Löffel*
Anzahl: *ab 2 SpielerInnen*
Alter: *ab 5 Jahren*
Dauer: *ca. 10 Min.*

Je zwei SpielerInnen bilden Paare. Die eine Person „belegt" die andere mit Löffeln. Die Standposition kann frei gewählt werden. So mit Löffeln belegt, müssen drei Schritte gegangen werden. Alle Löffel die nicht heruntergefallen sind, zählen einen Punkt. Um sein Balancegefühl zu trainieren, sind mehrere Versuche möglich. Rollenwechsel.

Bemerkung:

Ein einfach durchzuführendes Balancierspiel, welches aufgrund des ungewöhnlichen Spielmaterials einen besonderen Reiz hat.

Balancieren

Spielart: Wahrnehmungsbereich Gleichgewicht
Material: Balanciermaterialien (Bänke, Bretter, Stühle, Kisten, Kissen, Stämme etc.)
Anzahl: ab 2 SpielerInnen
Alter: ab 2 Jahren
Dauer: 5-10 Min.

Die SpielerInnen werden eingeladen, im Haus oder Draußen einen Balancierparcours aufzubauen. Ein Erwachsener muss den Parcours auf seine Standfestigkeit prüfen, bevor die SpielerInnen ihn mit geöffneten oder geschlossenen Augen begehen.

Gardinenschlangen

Spielart: Wahrnehmungsbereich Gleichgewicht
Material: viele Meter (altes) Gardinenbleiband
Anzahl: ab 2 SpielerInnen
Alter: ab 4 Jahren
Dauer: je Übung ca. 10 Min

Die SpielerInnen bilden Paare. Ein Spieler legt sich bäuchlings auf den Boden und schließt die Augen. Der Partner kniet sich daneben. Nach einer kurzen Ruhephase belegt der Kniende langsam den Partner zunächst von Kopf bis zu den Füßen, dann entlang der Arme bis zu den Händen mit Bleiband. Dann fährt er vorsichtig mit dem Zeigefinger über die Bleibänder. So ist ein noch intensiveres „Spüren" möglich. Nach einer kurzen Pause werden die Bleibänder behutsam abgenommen. Auf Wunsch kann auch die Körpervorderseite so belegt werden.

Kurze Pause - Rollenwechsel.

Variante

Jeder Mitspieler erhält etwa einen Meter Bleiband. Alle ziehen ihre Schuhe aus und legen mit dem Band eine lange, möglichst kurvenreiche Straße. Zu zweit stellen sie sich jetzt an den Anfang der Straße. Eine Person schließt die Augen, ggf. mit Augenbinden. Mit den Füßen tastend sucht jetzt der „Blinde" den Weg. Als Orientierungshilfe begleitet der Partner den Blinden, auf Wunsch kann eine Hand angefasst werden. Hat ein Spieler die Straße bewältigt, kann ein Rollentausch folgen.

Im zweiten Durchgang wird die Straße rückwärts mit den Füßen gesucht. Um dem Blinden beim Rückwärtsgehen Orientierungshilfe und Sicherheit zu geben, legt der Begleiter seine flache Hand führend auf den Rücken des Blinden.

Bemerkung:

Die Wahrnehmungsspiele mit Bleibändern führen zu einer konzentriert bewussten Körper- und Balancewahrnehmung.

Zollstöcke

Spielart: Wahrnehmungsbereich Gleichgewicht
Material: je Person einen Zollstock, Wollknäuel
Anzahl: ab 2 SpielerInnen
Alter: ab 3 Jahren
Dauer: je Übung 10 Min.

Die SpielerInnen legen mit der Wolle einen Weg im Raum oder auf dem Rasen. Sie erhalten jeweils einen Zollstock und stellen sich damit an den Anfang des Weges. Der Zollstock wird auf den Kopf gelegt - er kann je nach Können und Lust ausgeklappt werden. So „bedeckt" balancieren die SpielerInnen die Wollstraße entlang. Wem der Zollstock herunterfällt, beginnt wieder von vorne. Je nach Wunsch kann die Breite des Zollstocks vergrößert oder verkleinert werden. Eine stete Vergrößerung nach jeder durchlaufenen Strecke ist ratsam.

Variante

Je zwei Personen, möglichst gleich groß, bilden Paare und klappen ihre beiden Zollstöcke vollständig auseinander. Sie stellen sich hintereinander auf, verbinden ihre Schultern mit den Zollstöcken und gehen so durch den Raum. Die Zollstöcke sollen möglichst nicht herunterfallen. Nach einer Proberunde kann die hintere Person die Augen schließen. Sie wird von der vorderen nur über die verbindenden Zollstöcke geführt.

Rollenwechsel.

Bemerkung:

Kindern macht der Umgang mit Zollstöcken sehr viel Spaß, da es eben eigentlich kein Spielmaterial ist, sondern in die Werkstatt gehört. Zum Einstieg können auch noch Schätz- und Messaufgaben gegeben werden, z.B. wie lang ist das Fenster dort, wie lang ist dein Bein, der Arm deines Nachbarn, die Nase etc.

Indische Wasserträgerin

Spielart: Wahrnehmungsbereich Gleichgewicht
Materialien: Bierdeckel, Wasserbecher, Wollfäden, ggf. orientalische Musik
Anzahl: ab 4 SpielerInnen
Alter: ab 4 Jahren
Dauer: ca. 10 Min.

Zunächst wird den SpielerInnen von Ländern erzählt, in denen die Frauen Krüge auf dem Kopf tragen, um von der Wasserstelle Wasser zu holen. Diese Frauen sind sehr geschickt und haben viel Übung. Vielleicht können auch schon Kinder so etwas lernen.

Mit dem Wollfaden wird ein Weg zum Brunnen gelegt.

Die SpielerInnen legen sich zunächst einen Stapel Bierdeckel auf den Kopf und balancieren so zur Wasserstelle. Im nächsten Schritt wird die Anzahl der Bierdeckel erhöht oder zusätzlich ein Becher Wasser in die Hand genommen.

Für ganz Mutige soll es die Möglichkeit geben (wenn der Raum und die Nerven auch „Wasserunfälle" verkraften können), einen Pappbecher gefüllt mit Wasser auf dem Kopf zu balancieren.

Als Hintergrundmusik kann eine orientalische Musik gewählt werden.

Varianten:

Die SpielerInnen können auch Kastanien- oder Sandsäckchen auf dem Kopf, auf den Schultern oder ausgestreckten Armen balancieren.

Bemerkung:

Die Anforderung Wasser auf dem Kopf zu balancieren ist für die meisten sehr reizvoll. Dieses im Sommer draußen durchzuführen ist natürlich problemloser als in der Wohnung.

Gewichtsgläser

Spielart: Wahrnehmungsbereich Gleichgewicht
Materialien: 10 gleiche Marmeladengläser, Farbe, Sand
Anzahl: ab 2 SpielerInnen
Alter: ab 3 Jahren
Dauer: ca. 5 Min.

Materialvorbereitung:

Die Marmeladengläser werden alle gleich angemalt. Je zwei Gläser werden gewichtsgleich mit Sand gefüllt. Dabei können zwei Gläser eher schwer, zwei eher leicht sein, die anderen sollten nur ein wenig im Gewicht variieren.

Spielbeschreibung:

Vor den SpielerInnen stehen 10 Gläser. Aufgabe ist es nun, die gleich schweren Gläser durch aufmerksames abwägen zusammenzustellen.

Garten der Sinne

Wird zu einer öffentlichen Veranstaltung oder zu einer Feier eine größere Spieleinheit gewünscht, empfiehlt es sich, einen „Garten der Sinne" oder einen „Sinnesparcours" zu gestalten.

Alle aufgeführten Sinnesspiele und -übungen lassen sich in beliebigen Konstellationen, je nach Lust, Größe, Vorbereitungszeit etc. zu einer größeren Einheit zusammenfügen.

Ratsam ist es dabei, die Sinnesstationen weit genug auseinander zu legen, so dass ein gegenseitiges stören und behindern in der Wahrnehmung nicht möglich ist.

Die einzelnen Sinnesinseln können mit den jeweiligen den Sinn betreffen Materialien z.B.: Hörrohre, Lupen, Stethoskope, Brillen, Geschichten, Bilder, Texte etc. als Anschauungsmaterialien ausgestattet werden.

Bei einer größeren Veranstaltung mit Erwachsenen sollten diesen ggf. auch Informationsmaterial, Büchertipps zum Thema „Das Schwinden der Sinne" oder zum Thema „Spielen ist keine Spielerei - Sinn und Bedeutung des kindlichen Spiels"... an die Hand gegeben werden.

Wahrnehmung der Umwelt

Übungen und Spiele mit Alltags- und Umweltmaterialien

Knuxen

Spielart: *Rate-/Glücksspiel mit Alltagsmaterialien*
Materialien: *je Person 5 - 10 Haselnüsse (o.Ä.)*
Anzahl: *ab 4 SpielerInnen*
Alter: *ab 7 Jahren*
Dauer: *ca. 20 Min.*

Die SpielerInnen sitzen um einen Tisch. Jeder hält 10 Haselnüsse in der linken Hand unter dem Tisch. Alle werden aufgefordert, unauffällig eine beliebige Anzahl von Nüssen in die rechte Hand zu nehmen und diese verschlossen auf den Tisch zu legen. Liegen alle Fäuste auf dem Tisch, so beginnt reihum das „Raten". Geraten werden soll die Gesamtzahl der Nüsse, die in den Fäusten verborgen ist. Bei einer größeren Teilnehmerzahl ist es zu empfehlen, die genannten Zahlen zu notieren. Sind die Tipps abgegeben, werden alle gebeten, ihre Hände zu öffnen, sodass die Nüsse sichtbar werden. Derjenige, der richtig geraten hat, oder am dichtesten an der richtigen Zahl dran ist, darf eine Nuss in die Mitte legen. Keine Zahl darf doppelt genannt werden.

Es gibt solange neue Raterunden, bis ein Spieler keine Nüsse mehr hat. Dieser ist dann der Knuxsieger.

Eierpappen

Spielart: *Geschicklichkeitsspiel mit Alltagsmaterialien*
Materialien: *Eierpappen, Knöpfe, Tennisbälle, ggf. Farbe*
Anzahl: *4-10 SpielerInnen*
Alter: *ab 4 Jahren*
Dauer: *10-20 Min.*

Die Eierpappen (30er oder 6er Pappen) werden auf einen Tisch oder am Boden in einer festgelegten Entfernung aufgestellt. Die SpielerInnen erhalten je 5 Knöpfe (Spielkegel) in ihrer Lieblingsfarbe. Mit diesen Knöpfen (Kegeln) versuchen sie der Reihe nach, möglichst viele Punkte zu erwerfen. Die Punkte werden festgelegt, z.B. bei einer großen Eierpappe (30 Löcher):

erste Reihe 1 Punkt, zweite Reihe 2 Punkte etc.

6er Pappen können je nach Phantasie und Lust aufgestellt und bewertet werden. Die Punktezahlen können notiert werden.

Mehrere Spieldurchgänge sind möglich.

Variante:

Eierpappen (6er) werden als Pyramide aufgestapelt.

Die SpielerInnen legen eine Entfernung fest. Nun müssen sie mit einem Tischtennisball/Tennisball die Pappen mit 3 Würfen vom Tisch räumen.

Auch können die Pappen angemalt werden und mit einer Wertigkeit versehen werden. So könnten beispielsweise die untersten Pappen (grün) 6 Punkte bringen, die nächste Stufe (blau) 5 Punkte, etc.

Mehrere Spieldurchgänge sind möglich.

Zeitungspapier

Spielart: *Kreativspiel mit Alltagsmaterialien*
Materialien: *viele alte Zeitungen, Tesakrepp*
Anzahl: *ab 2 SpielerInnen*
Alter: *ab 4 Jahren*
Dauer: *20-30 Min.*

Modenschau

Die SpielerInnen bilden Kleingruppen mit 4-6 Personen. Die Kleingruppe teilt sich wiederum in Models und ModeschöpferInnnen auf, d.h., die eine Hälfte wird eingekleidet, die andere Hälfte kleidet ein.

Mit den Zeitungen sollen die Kleingruppen die „Mode 3000" entwerfen und ihre Modelle entsprechend einkleiden. Die fertigen Modelle werden schließlich auf einer Art Laufsteg von den ModeschöpferInnen den anderen Gruppen in einer kleinen Modenschau vorgestellt.

Zeitungsaufgaben

Die Kleingruppen werden aufgefordert, unterschiedliche Gegenstände aus dem Zeitungspapier zu basteln, so z.B. mehrere verschiedene Kopfbedeckungen, Behälter, Schiffe, Fahrzeuge, Schuhe…

Bemerkung:

Kinder experimentieren gern mit Materialien, die sie täglich umgeben, oft aber nicht spielerisch erforschen dürfen. Es kostet weder viel Vorbereitung noch Geld, Kindern dieses kreative Erlebnis zu verschaffen.

Erbsentransport

Spielart: *Geschicklichkeitsspiel mit Alltagsmaterialien*
Materialien: *Teller, alte getrocknete Erbsen, Strohhalme Stoppuhr*
Anzahl: *ab 2 SpielerInnen*
Alter: *ab 5 Jahren*
Dauer: *je Person 5 Min.*

Zwei Teller werden auf den Tisch gestellt, einer ist mit Erbsen gefüllt. In einer festgelegten Zeit (3-5 Min.) soll nun ein Spieler mit dem Strohhalm möglichst viele Erbsen von einem Teller auf den anderen transportieren. Bei „Stopp!" werden die Erbsen gezählt und die Anzahl notiert, der nächste Spieler ist an der Reihe.

ABC- Suchspiel

Spielart: *Kreatives Aufgabenspiel mit Alltagsmaterialien*
Materialien: *-*
Anzahl: *5-40 SpielerInnen*
Alter: *ab 7 Jahren*
Dauer: *60 - 90 Min.*

Es können Einzelpersonen gegeneinander spielen oder es werden Gruppen mit bis zu sechs SpielerInnen gebildet.

Die Spielgruppe erhält die Aufgabe, auf einem Spaziergang zu jedem Buchstaben des Alphabets einen Gegenstand zu besorgen, z.B. einen Apfel für A, einen Besen für B, eine Murmel für M usw.

Es gibt auch die Möglichkeit, bis zu fünf Buchstaben (Gegenstände) pantomimisch darzustellen.

Nach einer festgelegten Zeit soll dann die Gruppe ihre gefundenen Gegenstände vorstellen. Am meisten Spaß macht es, wenn mehrere Gruppen das ABC-Suchspiel spielen und sich dann gegenseitig die gefundenen Gegenstände vorstellen bzw. vorspielen.

Aufgabenspiele

Spielart: *Phantasie- und Kreativspiele*
Materialien: *Schreibmaterial, ggf. Verkleidungen, Bastelpapier, alte Zeitungen, Plakatpappe*
Anzahl: *5 - 40 SpielerInnen*
Alter: *ab 6 Jahren*
Dauer: *30 - 180 Min.*

Eine größere Gruppe wird in kleinere Gruppen (mind. 3-4 Pers.) unterteilt, als günstig haben sich altersgemischte Gruppen erwiesen. Je nach gewünschter Dauer werden eine oder mehrere Aufgaben verteilt.

Die Aufgaben können auch zu einem Motto gestellt werden, z.B. Märchenwelt, Auf dem Mond, Unterwasserwelt, Werbung 2000, Urwald, Eiszeit, Zirkus, Karneval etc.

Die Aufgabenspiele werden in einer Großgruppenrunde vorgestellt.

Lied umdichten:

Die Gruppe denkt sich ein Lied aus oder dichtet ein bekanntes um. Es muss von der gesamten Kleingruppe eingeübt und später vorgetragen werden. (Zeit ca. 30 Min.)

Gedichtschreiben:

Die Gruppe schreibt ein Gedicht, in dem alle Vornamen der Gruppenmitglieder und (z.B.) die Begriffe: Wolke, Leiter und Baum vorkommen. (Zeit ca. 30 Min.)

Tanz einüben:

Die Gruppe denkt sich einen Tanz aus oder stellt einen bekannten Tanz um. Sie übt ihn ein und trägt ihn später vor. (Zeit ca. 30 Min.)

Werbung:

Für eine Werbesendung soll die Gruppe sich einen Werbespot ausdenken, der dann später von allen vorgespielt wird. (Zeit: ca. 30 Min.)

Sammeln:

Die Gruppe erhält die Aufgabe, Gegenstände oder unterschiedliche Pflanzen zu sammeln, z.B. zwei Getreidehalme, fünf unterschiedliche Behälter, Blumen, eine Feder, ausländisches Geld, einen braunen Stein, einen 20 cm langen Holzast. (Zeit ca. 30 Min.)

Collagen:

Die Gruppe erstellt eine Collage mit beliebigen Materialien, z.B. Zeitschriftenausschnitte, Photos, Pappe, Papier. (Zeit ca. 30 Min.)

Malen:

Die Gruppe wird eingeladen (zu einem Thema) gemeinsam ein großes Bild zu malen, welches später in einer Art Ausstellungseröffnung allen anderen als „Kunstwerk" - auch mit einer kurzen Rede - vorgestellt wird. Malutensilien müssen bereitgestellt werden. (Zeit ca. 30 Min.)

Bemerkung:

Das gemeinsame kreative „Tun" fördert die Wahrnehmung der TeilnehmerInnen und ist in der Regel ein interessantes Gruppenerlebnis. Es ist wichtig darauf hinzuweisen, dass alle möglichst gleich beteiligt sind, auch bei den Vorführungen.

Wattepusten

Spielart: *Spiel mit Alltagsmaterialien*
Materialien: *Haushaltswatte*
Anzahl: *4 - 10 SpielerInnen*
Alter: *ab 5 Jahren*
Dauer: *10-20 Min.*

Die SpielerInnen sind so an einem Tisch platziert, dass jeder einen etwa gleich großen Platz zu „verteidigen" hat. Die Hände liegen auf dem Rücken. In die Mitte wird ein Wattebausch geworfen. Nur durch kräftiges pusten soll die Watte hin und her bewegt werden. Jeder ist darum bemüht, dass die Watte nicht auf den Boden fällt, zumindest nicht an seinem Platz, denn das gibt einen Minuspunkt. Bei längerer Spieldauer können die Punkte notiert werden.

Bemerkung:

Bei Spielbeginn, gerade bei jüngeren Kindern, darauf hinweisen, dass sie auf ihre „Spucke" achten sollen, es darf nur gepustet werden und alle müssen auf den Stühlen sitzen bleiben. Wenn jemand seine Hand benutzt gibt es einen Minuspunkt.

Streichholzturm

Spielart: Geschicklichkeitsspiel mit Alltagsmaterialien
Materialien: leere Flasche, viele viereckige Streichhölzer
Anzahl: ab 2 SpielerInnen
Alter: ab 5 Jahren
Dauer: ca. 10 Min.

Alle SpielerInnen setzen sich an einen Tisch oder auf den Fußboden so um eine Flasche herum, dass der Abstand der SpielerInnen zur Flasche etwa gleich ist. Jeder erhält 20-30 Streichhölzer. Reihum kann jetzt jeder vorsichtig ein Streichholz auf die Flasche legen. Derjenige, bei dem der Streichholzturm kippt, muss alle heruntergefallenen Streichhölzer zu seinem Haufen nehmen. Sieger ist, wer zuerst seine Streichhölzer los ist.

Bewegtes Kartenspiel

Spielart: Reaktionsspiel mit Alltagsmaterialien
Material: Kartenspiele
Anzahl: 2-8 SpielerInnen
Alter: ab 5 Jahren
Dauer: ca. 20 Min.

Die SpielerInnen sitzen am Tisch und haben jeweils 15-20 Karten verdeckt vor sich liegen. Vor dem Spiel muss sich die Gruppe auf bestimmte Bewegungen für bestimmte Karten festlegen, z.B.:

Dame rechte Hand auf linke Schulter legen
Bube linke Hand auf rechte Schulter legen
König beide Hände auf den Kopf
7   "Guten Morgen" sagen
8   Aufstehen
10   Hände vor der Brust kreuzen, etc

Reihum legt nun immer ein Spieler eine Karte in die Mitte, alle machen schnell die entsprechende Bewegung. Wer sich als Erster vertan hat, bekommt die Karte aus der Mitte und legt sie unter seinen Stapel. Es geht reihum solange weiter, bis einer keine Karten (oder Lust) mehr hat.

Netzwerk

Spielart: *Kommunikationsspiel mit Alltagmaterial*
Materialien: *Wollknäul*
Anzahl: *10-25 SpielerInnen*
Alter: *ab 10 Jahren*
Dauer: *ca. 10 Min.*

Die SpielerInnen bilden einen Stehkreis. Die Spielleitung hat das Wollknäul in der einen Hand und hält den Anfang in der anderen Hand fest. Zunächst sagt sie - falls eine Namensvorstellung nötig und gewünscht ist - ihren Namen und z.B. ihre Lieblingsspeise, einen Wunsch etc. Dann wirft sie das Knäul einem Mitspieler zu. Dieser und alle weiteren verfahren in gleicher Weise und behalten immer den abgewickelten Faden in der Hand, so dass eine Verbindung, ein Netzwerk zwischen allen entstehen kann.

Ist das Knäul wieder bei der ersten Person angekommen, kann mit einer neuen Frage: was ist deine Lieblingsblume, Ferienziel ... das Netz wieder aufgewickelt werden.

Bemerkung:

Dieses Spiel eignet sich auch sehr gut für Gruppenanfangssituationen: alle sind beteiligt, alle müssen etwas sagen. Es kann ein „Wir-Gefühl" durch die geforderte Aufmerksamkeit und symbolische Verknüpfung hergestellt werden.

Aktion: Luftballonspiele

Spielart: *Bewegungsspiele mit Alltagsmaterialien*
Materialien: *Luftballons (je Tn einen L.) nach Farben sortiert, ruhige Instrumentalmusik, 1-2 durchsichtige Folien (4m x 4m), CD mit klassischer Musik (z.B. Kaiserwalzer von J. Strauß), ggf. Japanbälle*
Anzahl: *15-50 SpielerInnen*
Alter: *ab 5 Jahren*
Dauer: *ca. 60 Min.*

Farbkreise

Jeder Spielende erhält einen Ballon, bläst ihn auf und verknotet ihn. Zur Musik halten alle durch Tippen die Ballons in der Luft, so dass sie wild durcheinander fliegen. Bei Musikstop schnappt sich jeder einen Ballon. Die SpielerInnen mit derselben Ballonfarbe treffen sich in einem kleinen Kreis. Haben alle ihren Farbkreis gefunden, wird die Musik erneut gestartet.

Von der Spielleitung kann eine weitere Aufgabe in den Kreis gegeben werden, z.B. sich gegenseitig vorstellen, begrüßen auf unterschiedlichste Weise, gemeinsam ein Lied singen, jeder nennt sein Lieblingsgericht, seine Lieblingsblume etc..

Luftballontanz

Jeder tippt zur Musik einen Ballon. Bei Musikstop gibt die Spielleitung die neue Bewegungsvariante an, z.B.
- Mit dem kleinen Finger tippen
- Mit dem Ellenbogen tippen
- Mit dem Kopf tippen
- Mit dem Knie tippen
- Mit dem Fuß tippen
- Zu zweit zusammen gehen und nur noch einen Ballon zwischen die 4 Hände nehmen, viele Bewegungen zur Musik ausprobieren
- Den Ballon zwischen die Köpfe nehmen und zur Musik tanzen
- Den Ballon zwischen die Bäuche nehmen und versuchen sich so zu drehen, dass der Ballon einmal die Person umkreist.

Zum Ende wieder alle Ballons durcheinander zur Musik tippen.

Schornsteine

Bei Musikstop werden Farbkreise gebildet. Die SpielerInnen stellen sich im Kreis ganz eng aneinander, die Hände auf dem Rücken. Die Luftballons der Farbgruppe kommen in den so gebildeten „Schornstein". Diesen Schornstein müssen die Mitspielenden zum rauchen bringen, d.h. sie versuchen, ohne die Hände zu benutzen, die Luftballons über ihre Köpfe durch Körperbewegungen aus dem Kreis zu transportieren.

Ballonträume

Zum Abschluss der Luftballonspiele wird eine dünne Folie entfaltet, alle fassen den Rand an. Die Luftballons (und/oder Japanbälle - diese fliegen besser) auf die Folie geben. Die Mitspielenden schwingen zur klassischen Musik vorsichtig (die Plane reißt leicht) die Folie und bewegen so die Ballons.

Die SpielerInnen sind eingeladen, sich abwechselnd unter die Folie zu legen (ggf. vorher Wolldecke unterlegen). So können sie eine kurze Weile das beeindruckende Schauspiel der tanzenden Ballons von unten ansehen und dazu träumen.

Bemerkung:

Spiele mit Luftballons machen fast allen Menschen viel Spaß und bieten eine gute Möglichkeit, sich in der Bewegung auszuagieren. Eine solche Spielaktion wie vorgestellt, bietet sich auch für Feste und Feiern an. Sie bedarf keiner großartigen Vorbereitung, kostet nicht viel Geld, hat aber einen großen, spielerisch leichten Wirkungseffekt.

Literaturempfehlungen

Beck, J. / Wellershoff,H.: SinnesWandel. Cornelsen 1989.

Bettelheim, Bruno: Ein Leben für Kinder. Erziehung in unserer Zeit. DVA 1990

Betz, Felicitas: Die Seele atmen lassen. Kösel 1989

Die Zeit magazin: Kinder welch ein Garten! Die Zeit magazin. Nr. 44. Oktober 1996

Deutsches Kinderhilfswerk e.V., Hrsg: Kindergesundheit in der Risikogesellschaft. Berlin 1997

Deutscher Kinderschutzbund Hrsg.: Werkheft 1- Kinderleben. Freiburg 1992

Flitner, Andreas: Spielen - Lernen. Praxis und Deutung des Kinderspiels. Piper 1972

Friesen,v., Astrid: Geld spielt keine Rolle. Erziehung im Konsumrausch. Rowohlt 1989

Fritz, Jürgen: Vom Verständnis des Spiels zum Spielen mit Gruppen. Mainz 1986

Krenz, A.: Der „Situationsorientierte Ansatz". Herder 1991

ders.: Was Kinderzeichnungen erzählen. Herder 1996

Kükelhaus, Hugo/ Zur Lippe, R: Entfaltung der Sinne. Frankfurt 1984

Locke, J.: Gedanken über Erziehung. Reclam. Stuttgart 1997

Maschwitz, G. u. U.: Gemeinsam Stille entdecken. Kösel 1995

Meyrowitz, J.: Die Fernseh-Gesellschaft. 1984

Neuschütz, Karin: Lieber spielen als fernsehen. Verlag Freies Geistesleben 1984

Preuschoff, G.: Kinder zur Stille führen. Herder 1996

Saint-Exupéry, Antoine: Der kleine Prinz. Rauch Verlag 1991

Schneider, W.: Sinn und Un-sinn. Wiesbaden und Berlin 1987

Spiel gut e.V. Hrsg.: Arbeitsblätter des Arbeitsausschuß Kinderspiel und Spielzeug e.V., Ulm.

Strick, R. Schubert, E.: Freie Räume schaffen in: kindergarten heute 6/94, Herder Verlag

Wilken, Hedwig: Bewegen und Begegnen im Alter. Spiele für Senioren. Ökotopia 1995.

Wilken, Hedwig: Spielsignale. Ausgewählte Spiele und Aktionen für Familien und altergemischte Gruppen. Ettlinger Verlag 1989

Winn, M.: Die Droge im Wohnzimmer, Rowohlt 1979

Zimmer, Renate: Handbuch der Sinneswahrnehmung. Grundlagen einer ganzheitlichen Erziehung. Herder 1995.

Zur Autorin

Hedwig Wilken, geboren 1957, studierte Sozialpädagogik und Dipl. Pädagogik-Weiterbildung. Berufsbegleitend machte sie an der Akademie Remscheid die Ausbildung zur Spielpädagogin.

Im Bereich der Kinder- und Jugendarbeit, der Seniorenarbeit und der Erwachsenenbildung war sie viele Jahre tätig.
Zur Zeit arbeitet sie an einem Forschungsprojekt zur Umweltbildung und Wahrnehmungserziehung an einer Hochschule und als Autorin.

H.E. Höfele - S. Steffe
Der wilde Wilde Westen
Kinder spielen Abenteurer und Pioniere
ISBN (Buch): 3-931902-35-8
Wilde Westernlieder und Geschichten
ISBN (CD): 3-931902-36-6

G. + F. Baumann
ALEA IACTA EST
Kinder spielen Römer
ISBN: 3-931902-24-2

J. Sommer
OXMOX OX MOLLOX
Kinder spielen Indianer
ISBN: 3-925169-43-1

Sybille Günther
iftah ya simsim
Spielend den Orient entdecken
ISBN (Buch): 3-931902-46-3
ISBN (CD): 3-931902-47-1

Kinder spielen Geschichte

Im KIGA, Hort, Grundschule, Orientierungsstufe, offene Kindergruppen, bei Festen und Spielnachmittagen

Die erfolgreiche Reihe aus dem Ökotopia Verlag

B. Schön
Wild und verwegen übers Meer
Kinder spielen Seefahrer und Piraten
ISBN (Buch): 3-931902-05-6
ISBN (CD): 3-931902-08-0

P. Budde + J. Kronfli
Fliegende Feder
Indianische Kultur in Spielen, Liedern, Tänzen und Geschichten
Box incl. CD 3-931902-26-9
CD 3-931902-23-4
Indianerpuppe Avyleni 3-931902-27-7

Floerke + Schön
Markt, Musik und Mummenschanz
Stadtleben im Mittelalter
Das Mitmach-Buch zum Tanzen, Singen, Spielen, Schmökern, Basteln & Kochen
ISBN (Buch): 3-931902-43-9
ISBN (CD): 3-931902-44-7

Auf den Spuren fremder Kulturen

H.E. Höfele, S. Steffe
In 80 Tönen um die Welt
Eine musikalisch-multikulturelle Erlebnisreise für Kinder mit Liedern, Tänzen, Spielen, Basteleien und Geschichten
ISBN (Buch): 3-931902-61-7
ISBN (CD): 3-931902-62-5

Gudrun Schreiber, Chen Xuan
Zhongguo ...ab durch die Mitte
Spielend China entdecken
ISBN: 3-931902-39-0

D. Both, B. Bingel
Was glaubst du denn?
Eine spielerische Erlebnisreise für Kinder durch die Welt der Religionen
ISBN: 3-931902-57-9

M. Rosenbaum - A. Lührmann-Sellmeyer
PRIWJET ROSSIJA
Spielend Rußland entdecken
ISBN: 3-931902-33-1

G. Schreiber – P. Heilmann
Karibuni Watoto
Spielend Afrika entdecken
ISBN (Buch): 3-931902-11-0
ISBN (CD): 3-931902-12-9

Miriam Schultze
Sag mir wo der Pfeffer wächst
Spielend fremde Völker entdecken
Eine ethnologische Erlebnisreise für Kinder
ISBN: 3-931902-15-3

Der Fachverlag für gruppen- und spielpädagogische Materialien

Ökotopia Verlag und Versand

Fordern Sie unser
kostenloses Programm an:

Ökotopia Verlag
Hafenweg 26 · D-48155 Münster
Tel.: (02 51) 66 10 35 · Fax: 6 38 52
E-Mail: info@oekotopia-verlag.de

Besuchen Sie
unsere Homepage!
Genießen Sie
dort unsere Hörproben!

http://www.oekotopia-verlag.de

Inseln der Entspannung

Kinder kommen zur Ruhe mit 77 phantasievollen Entspannungsspielen

ISBN: 3-931902-18-8

Voll Sinnen spielen

Wahrnehmungs- und Spielräume für Kinder ab 4 Jahren

ISBN: 3-931902-34-X

Schmusekissen Kissenschlacht

Spiele zum Toben und Entspannen

ISBN: 3-925169-50-4

Auf dem Blocksberg tanzt die Hex'

Spiele, Geschichten und Gestaltungsideen für kleine und große Hexen

ISBN: 3-931902-19-6

Eltern-Turnen mit den Kleinsten

Anleitungen und Anregungen zur Bewegungsförderung mit Kindern von 1 - 4 Jahren

ISBN: 3-925169-89-X

Wi-Wa-Wunderkiste

Mit dem Rollreifen auf den Krabbelberg – Spiel- und Bewegungsanimation für Kinder ab einem Jahr Mit einfachen Materialien zum Selberbauen

ISBN: 3-925169-85-7

Kritzeln-Schnipseln-Klecksen

Erste Erfahrungen mit Farbe, Schere und Papier und lustige Ideen zum Basteln mit Kindern ab 2 Jahren in Spielgruppen, Kindergärten und zu Hause

ISBN: 3-925169-96-2

Große Kunst in Kinderhand

Farben und Formen großer Meister spielerisch mit allen Sinnen erleben

ISBN: 3-931902-56-0

Kunst & Krempel

Fantastische Ideen für kreatives Gestalten mit Kindern, Jugendlichen und Erwachsenen

ISBN: 3-931902-14-5

Laß es spuken

Das Gruselbuch zum Mitmachen

ISBN: 3-931902-01-3

Da ist der Bär los

Kooperative Mit-Spiel-Aktionen für kleine und große Leute ab 3 J.

ISBN: 3-925169-24-5

Spiel & Spaßaktionen

Lustige und spannende Fantasie-Abenteuer-Spiele für Kids

ISBN: 3-931902-63-3

Ökotopia Spiele- und Buchversand
Der Fachversand für umwelt- und spielpädagogische Materialien

Fordern Sie unser kostenloses Versandprogramm an:

Ökotopia Verlag
Hafenweg 26 · D-48155 Münster
Tel.: (02 51) 66 10 35 · Fax: 6 38 52
E-Mail: info@oekotopia-verlag.de
Homepage: http://www.oekotopia-verlag.de

Reinhold Pomaska

Gitarrenschule und Kinderlieder

An einem Abend Gitarrenbegleitung lernen

ISBN (Buch incl. CD): 3-931902-10-2

H. E. Höfele - M. Klein

Sanfte Klänge für Eltern und Babys

Musik, Informationen und Anregungen zum Träumen und Spielen

ISBN (Buch + CD): 3-931902-37-4

M. & R. Schneider

Horizonte erweitern

Bewegen, Entspannen und Meditieren mit Jugendlichen

ISBN (Buch + CD): 3-931902-40-4

Monika Schneider

Gymnastik-Spaß für Rücken und Füße

Gymnastikgeschichten und Spiele mit Musik für Kinder ab 5 Jahren

ISBN (Buch incl. CD): 3-931902-03-X
ISBN (Buch incl. MC): 3-931902-04-8

W. Hering

AQUAKA DELLA OMA

88 alte und neue Klatsch- und Klanggeschichten

ISBN (Buch): 3-931902-30-7
ISBN (CD): 3-931902-31-5

Wolfgang Hering

Kinderleichte Kanons

Zum Singen, Spielen, Sprechen und Bewegen

ISBN (Buch incl. CD): 3-925169-90-3
ISBN (nur Buch): 3-925169-91-1
ISBN (MC): 3-925169-92-X

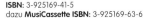

Gisela Mühlenberg

Budenzauber

Spiellieder und Bewegungsspiele für große und kleine Leute

ISBN: 3-925169-41-5
dazu **MusiCassette** ISBN: 3-925169-63-6

Sabine Hirler

Kinder brauchen Musik, Spiel und Tanz

Bewegt-musikalische Spiele, Lieder und Spielgeschichten für Kinder

ISBN (Buch): 3-931902-28-5
ISBN (CD): 3-931902-29-3

Volker Friebel, Marianne Kunz

Meditative Tänze mit Kindern

In ruhigen und bewegten Tänzen durch den Wandel der Jahreszeiten

ISBN (Buch + CD): 3-931902-52-8

M. Beermann - A. Breucker

Tänze für 1001 Nacht

Geschichten, Aktionen und Gestaltungsideen für 15 Kindertänze ab 4 Jahren

ISBN (Buch incl. CD): 3-925169-82-2
ISBN (nur Buch): 3-925169-86-5
ISBN (nur MC): 3-925169-83-0

Volker Friebel

Mandalareisen mit Kindern

Naturmeditationen, Wahrnehmungsübungen, Fantasiereisen und Malvorlagen

ISBN (Buch incl. CD): 3-931902-32-3

Volker Friebel

Weiße Wolken – Stille Reise

Ruhe und Entspannung für Kinder ab 4 Jahren. Mit vielen Geschichten, Übungen und Musik

ISBN (Buch incl. CD): 3-925169-95-4
ISBN (Buch incl. MC): 3-925169-94-6

Umwelt spielend begreifen
aus dem Ökotopia Verlag
Hafenweg 26 · D-48155 Münster

Larix, Taxus, Betula
Pfiffige Spiele, Basteleien, Rezepte und Aktionen rund um Bäume

Eine wahre Fülle von Beschäftigungsideen rund um den Baum: Zu den Bastelvorschlägen mit einheimischen und exotischen Baumprodukten kommen Erkundungsaufträge, Spiele, größere Aktionen und ausgefallene Rezeptideen hinzu. Ergänzende Infos und kulturgeschichtliche Hinweise regen zur Weiterbeschäftigung mit dem Thema an.

ISBN: 3-925169-98-9

Waldfühlungen
Das ganze Jahr den Wald erleben – Naturführungen, Aktivitäten und Geschichtenfibel

Gehen Sie mit dem Wald auf Tuchfühlung: dazu stellen wir Ihnen – für jeden Monat – Spiele, verschiedene Übungen, Rezepte, Geschichten, Sagen und Märchen vor

ISBN: 3-931902-42-0

Christina & Roland Seeger
Naturnahe Spiel- und Begegnungsräume
Handbuch für Planung und Gestaltung

Exemplarische Hilfen zum Bau von naturnahen Spiel- und Begegnungsräumen, mit einer Vielzahl von Beispielen aus und für die Praxis, werden im Handbuch leicht verständlich und qualifiziert dargestellt. Ein Standardwerk von besonderer Klasse, das von den Erfahrungen mit über 1.000 Bürgerbeteiligungskonzepten des Teams der Forschungsstelle für „Frei- und Spielraumgestaltung" (FFS) berichtet.

Format/Ausstattung:
Ca. 240 Seiten, 21,4x27,4 cm, zahlreiche s/w Illustrationen, durchgängig 4-farbige Fotos, hardcover, mit CD-ROM

ISBN: 3-931902-75-7

> Das Handbuch wird ideal ergänzt durch eine CD-ROM mit Diaschau, Video-Sequenzen, Interviews und zahlreichen Arbeitspapieren zum Ausdrucken.

Tom Senniger
Abenteuer leiten – in Abenteuern lernen

Methodenset zur Planung und Leitung kooperativer Lerngemeinschaften für Training und Teamentwicklung in Schule, Jugendarbeit und Betrieb

ISBN: 3-931902-53-6

Mit Kindern in den Wald
Wald-Erlebnis-Handbuch
Planung, Organisation und Gestaltung

Es ist den Autorinnen gelungen, aus ihren vielfältigen Erfahrungen in Projekten mit Kinder-Gruppen ein echtes Wald-Erlebnis-Handbuch zusammenzustellen, das von der Planung, Organistion bis hin zur Durchführung zahlreiche Anregungen und Hilfestellungen gibt.

ISBN: 3-931902-25-0

Richard Wagner
Naturspielräume
gestalten und erleben

„... eine Fundgrube."
(Aus: Spiel Bar, Ralf Böttjer)
„R. Wagner ist es gelungen, eine einfache, praktisch umsetzbare Anleitung für Pädagogen, Erzieher und Eltern zu publizieren."
(Aus: Dt. Lehrerzeitung 49/94)
„Was für ein hervorragendes Buch!"
(Aus: kindergarten heute, 2/95 -A. Krenz)

ISBN: 3-925169-66-0

Kiesel-Schotter-Hinkelstein
Geschichten und Spiele rund um Steine

Für Kinder und Erwachsene, für Einzelne und Gruppen bietet dieses Buch eine Fülle von Anregungen zum Forschen und Entdecken, zum Spielen und Formen, zum Sinnen und Sprechen.

ISBN: 3-925169-77-6